すばらしきインドア大自然

新 水草水槽のせかい

第三章　こんなこともやってみる？

第四章　やってみたら分かった

我々は世界一、水草水槽が楽しみやすい国にいます。
日本各地の水道水の多くは、極めて水草の育生に向いているのです。

みなさまは
「水草水槽」って
ご存知でしたで
しょーか？

僕は数年前まで
そんな世界が
あるなんて
全然知りません
でした

水槽といえば
魚を飼育するものと
思っていました

知ったのは
ネットで金魚飼育に
ついて調べていた
時でした

以前
僕は水槽で金魚を
飼い始めて…

水換えはマメにしているのにわずか3日で水が白く濁り

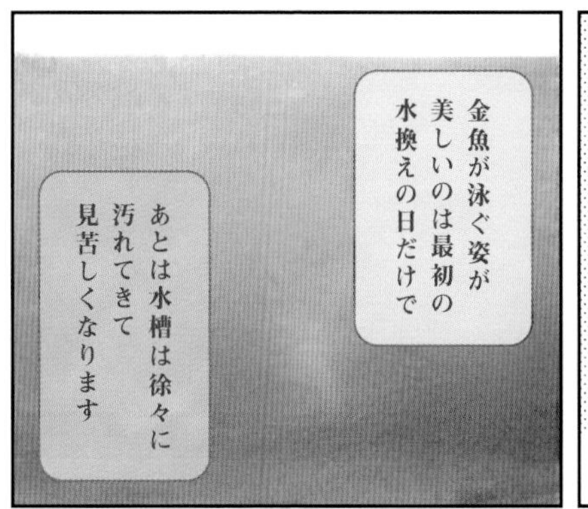
金魚が泳ぐ姿が美しいのは最初の水換えの日だけで
あとは水槽は徐々に汚れてきて見苦しくなります

どうしたもんかなぁと思いながらも

水換えもめんどくさくなってついにはほったらかし

たまに赤いシルエットがゆら～
あっまだいたっ!!

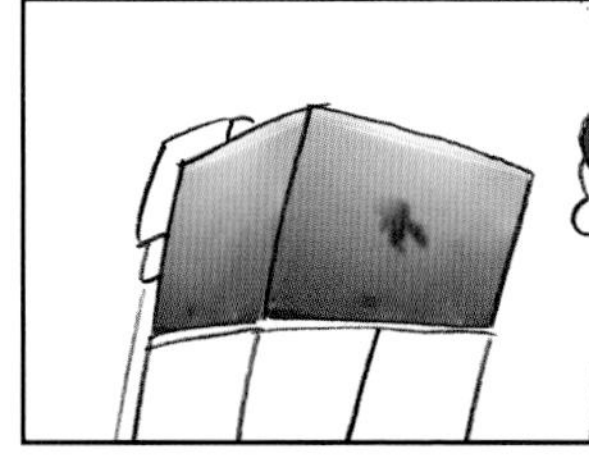

癒しの水槽のはずが見るたびにストレスを与える水槽に…
生臭い匂いもしてとってもイヤなもんです
どうしようかなこの水槽

僕はスーパーで
買った200円くらいの
束になった水草を
水槽に浮かべていました

ある日
浮かべていた水草が
生長しているのを発見
買ったときよりも
ずいぶん増えてる
足し水程度の
テキトー管理でしたが
水草がぼーぼーに
生長して

気が付くと
生臭い匂いが消えている

エサも与えていなかったのに
金魚はなぜか元気そう
コケも前ほど目立たない

これは
どういうこと…？

水槽内で何が
起こっているのか…

ネットで調べて
みました
そこで僕は
初めて
「ろ過バクテリア」※
の存在を知りました

テキトー管理の水槽には
無数のバクテリアが繁殖して
それらが金魚のフンなどを
分解し
分解されたものは
養分になり
水草は生長

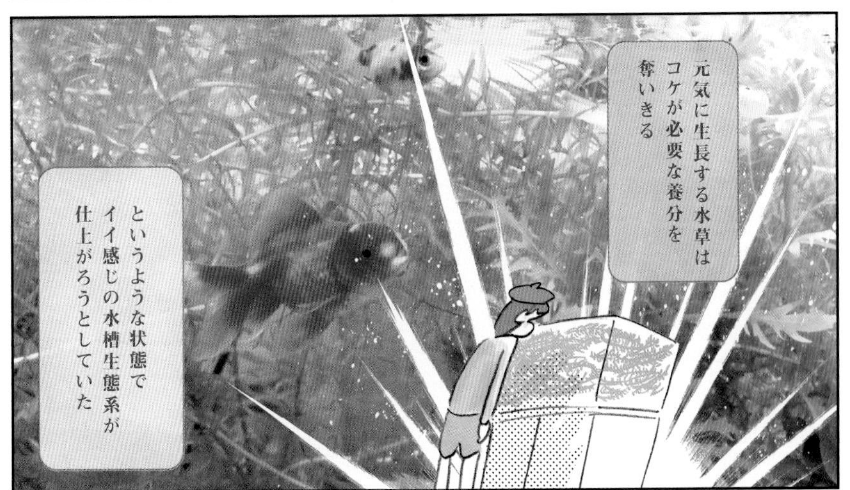
元気に生長する水草は
コケが必要な養分を
奪いきる
というような状態で
イイ感じの水槽生態系が
仕上がろうとしていた

※20ページ参照

それならばと
いろんな種類の水草を
ネット通販で購入して
水槽内に植えてみました

ネット通販や
ショップで
世界のいろんな
水草が買える
ことにも驚きつつ

「水草水槽」と
呼ばれる水槽が
あることも知りました

魚よりも
むしろその背景の
水草が主役に
水草を使って
水槽内の景色をつく
り込んでいるような
画像が出てきたり

THE INTERNATIONAL AQUATIC PLANTS LAYOUT CONTEST
World Ranking 105
Katsuki Tanaka JAPAN Evening garden
W120×D45×H45
「世界水草レイアウト
コンテスト」なんてのも
あったりして
呆れて笑いつつも
感動したりして

徐々にその美しい世界に
魅了されてゆきました

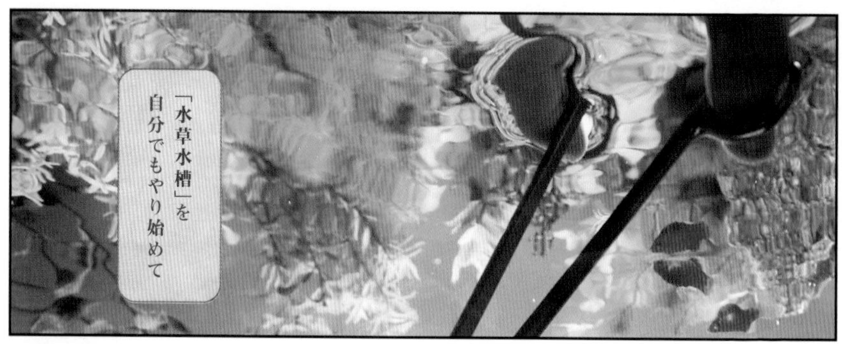
「水草水槽」を
自分でもやり始めて

これはえらいことに
なったな
と思いました
毎日、朝起きて
水槽を見る喜び

水の匂いも無臭
いや、どこか
森の薫りがする！

水草が光合成で
咲かす美しい気泡の花
水が透明になってゆく
生態系の手応え！

部屋に自然を持ち込み
管理する
そのことで、外にある
これまでの自然の見え方も
変わってくる

それら楽しすぎる
あれこれは本書でゆっくり
楽しんでいただくとして
ひとつ断っておかなければ
いけないことがあります

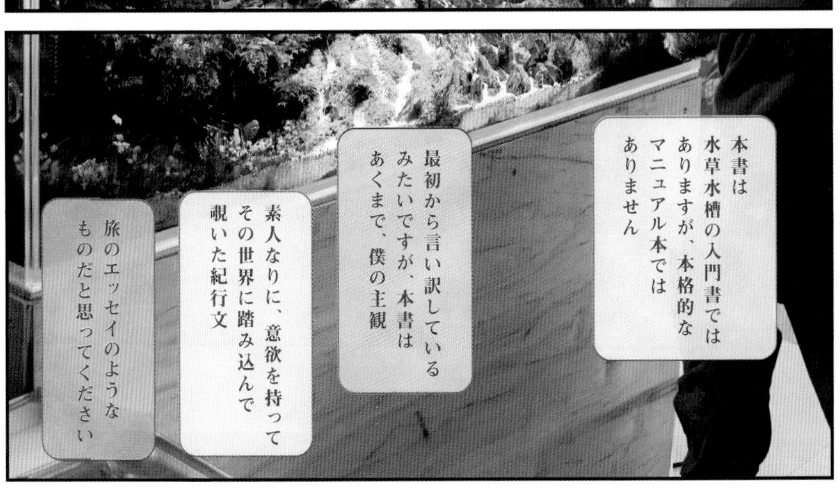
本書は
水草水槽の入門書では
ありますが、本格的な
マニュアル本では
ありません
最初から言い訳している
みたいですが、本書は
あくまで、僕の主観
素人なりに、意欲を持って
その世界に踏み込んで
覗いた紀行文
旅のエッセイのような
ものだと思ってください

最新の情報は
インターネットに
おまかせします
というのも
この分野はまだまだ
言い切れることも
多くなく、発展はこ
れからだと予感する
からです

かといって、
水草や魚、生き物を
扱いますから
憶測で嘘を書き
まくってもそれは
本意ではありません
そこは『An aquarium.』
の志藤範行さん他、
お世話になっている水草、
熱帯魚専門店の方々に

監修もしていただきま
したので、
安心して楽しく読んで
いただけると思います

では、始まります

第一章 水景画ってなんやねん！

まるで大自然のような、水草水槽の中の壮大な世界。水の中に水草や石などで絵を描くようにしてつくり上げていく景色を、僕は特に「水景画」と呼んでいます。第一章では、でき上がったいろんな水景画を見てみましょう。

水景画ってなんやねん！

「水草水槽」の中につくる景色のことを「水景画」と呼びます。水景画は、石や木、水草などの天然素材を使って水中に描く、生きた絵画なのです！

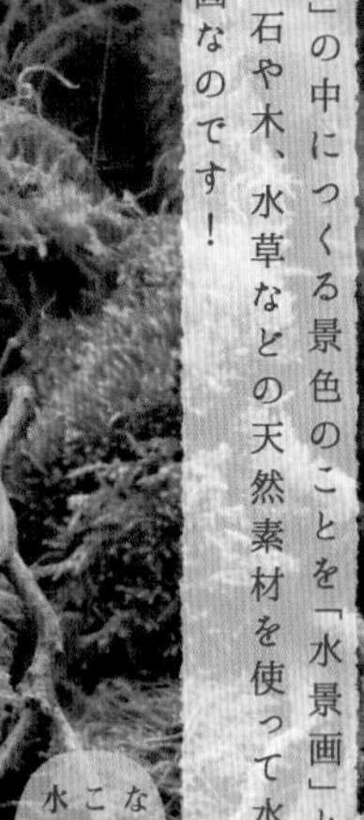

なんと、この景色が水槽の中に!?

制作：山本英史

じっくり見てみましょう！

透明な水の中で、水草が呼吸をし、魚が泳いでいます。この水景画がどんなものでどんな風に描かれているのか、もう少し見てみましょう。

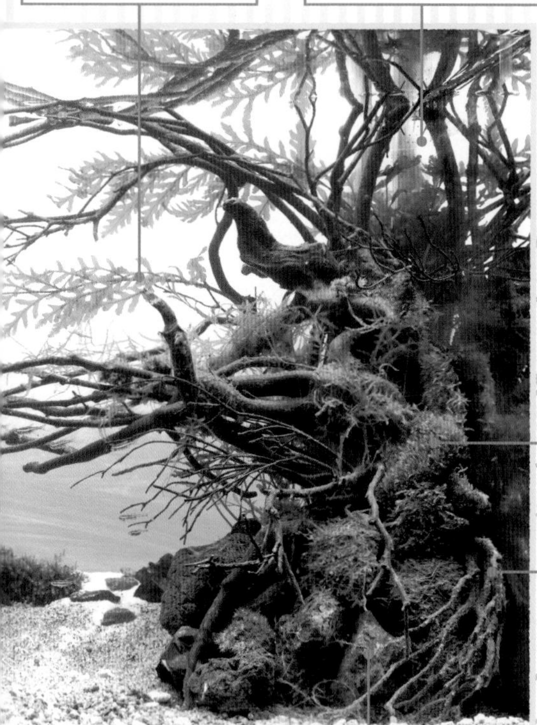
ボルビディスというシダ系の水草を使って、緑の枝葉に見立てる
水槽側面の鏡面効果で水景が広がる
「活着性水草」で自然観を演出
(88～91ページ参照)
手前に大きめの石、奥に小さめの石で遠近感を出す
岩に絡み付く大木の根を表現

水中で盆栽みたいなことやってるの？
頭おかしい！

さらに細い流木を奥に配して
奥行きを出している

流木をいくつも
組み合わせて
大木に見立てる

群泳する小魚を、
鳥や風に見立てる

なんでこんなに水が透明なの？
その秘密はあとで

砂を敷いて細流に見立てる。
奥から手前の幅の強弱で
遠近感が出ている

水景画のしくみ

美しい水の秘密は生態系!!

水景画の最大の特徴は、水槽の中で小さな生態系ができているということ。

光合成

ムム!
これは理科の時間に
ならったぞ!
全く覚えてないけどな!

光を受けて、水草が生長、光合成をします。

光合成でできた酸素で
魚やバクテリアが活動します。

光
光合成
O_2
CO_2
出水
フン
エサの食べ残し
ろ過器
バクテリアはココらへんに、たっぷりいる。

水槽をセットしてしばらくすると、水槽内に目には見えないバクテリアが生まれます。このバクテリアが水槽の水をキレイにしてくれるのです。

すごいぜバクテリア!!

光
CO²添加
水草の養分
バクテリア
魚のフンをバクテリアが分解して水草の養分の元をつくり出します。
CO²ボンベ
CO²(二酸化炭素)の添加で光合成を促進します。
水はピカピカ透明
外部からのCO²添加で小さな生態系の不足分をしっかり補う!
この透明な水はバクテリアのおかげなん?
そーいうこと!

いろんな水景画を見てみよう

すご〜〜〜!!

水槽の中の景色は、水中、陸上、はたまた空想上のものまで、表現はさまざま、つくる人の個性が現れます。

小さく細かい葉の「前景草」を使って、山のある遠景を見立てた。圧巻！　H2 半田浩規

まるで森の中！奥にいくに従って流木を小さくして、遠近感を出すジオラマ水景。　竹内一馬

ADA

水槽からはみ出す大胆な流木ワークと繊細な植栽ワーク！　深田崇敬

水草の色を巧みに使用して、山の紅葉を感じさせるエレガントな水景！　Gary Wu

交差する楽しげな流木、カラフルで清涼感、コントラストも冴える水景！ 志藤範行

うねる曲線。ケモノのような生命感！　おそろしい！　美しい！ Dave Chow

浮き草が印象的な水景。遠くの陸地が水面に映っているかのような湖畔の見立て！ Gary Wu

水槽をキャンバスに水草の絵の具で描く

生きた絵画！

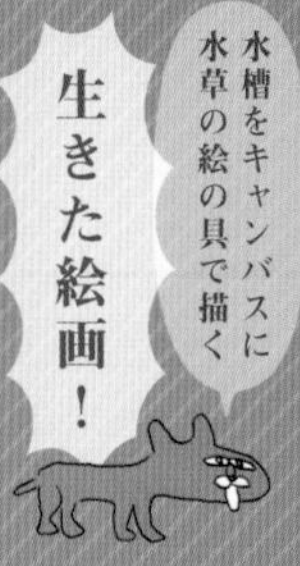

流木下の暗がりは魚の安心できる棲み家になる。自然感溢れる水景！ 小野昌志

世界コンテスト

水槽機器メーカー「アクアデザインアマノ（ＡＤＡ）」が主催する「世界水草レイアウトコンテスト」。２０２０年は84の国と地域から２３５８もの応募がありました。

各年に1位をとった水槽を見てみましょう。

2012年度グランプリ

『アマゾン』ジャン・ジャーフェン（中国）

2013年度グランプリ

『繊細な世界』チューン・ティン・ゴ（ベトナム）

2014年度グランプリ

『行くてに』グレゴラー・ヴォランスキ（フランス）

2015年度グランプリ

『情景』深田崇敬（日本）

2016年度グランプリ

『神窟』深田崇敬（日本）

2017年度グランプリ

『コンゴ』ジョシュ・シム（マレーシア）

2018年度グランプリ

『ゆるり』半田浩規（日本）

2019年度グランプリ

『ドリーム・オン』ジョシュ・シム（マレーシア）

どえらいことになっとるや〜〜〜ん！

こんなのもアリ？

独創的な、見たこともない景色をつくり出すこともできます。こんな水景画を描いた人もいますよー。

徳差江里

水景画は自然の
景観をそのまま模す
必要はありません

なんだかものすごい原始の生命感を感じます。江里さんはこの作品の後、無事出産しました。

Dave Chow

2匹の龍が闘っているように見える、なんとも縁起のよい作品。この年は辰年だった。

H2　早坂 誠

ということは…表現は自由!!

うわー！　未来都市？　宇宙基地？　お魚が未来の乗り物に見立てられているようです。　満田一徳

コワッ！　めっちゃ怖！　お魚が彷徨う霊魂に見立てられた幽玄の世界。　繁田槙文

それぞれの創造主の感性が表れた水景になる

確かに、生きた絵画といえるなぁ

大きいのから小さいのまで

水槽のサイズは、小型から大型、ボトルアクアリウムまでいろいろ。サイズよって、それぞれ個性的な水景画が生まれます。

水槽幅18センチの小型水槽

徳差江里

小さなボトルアクアリウム

Do!aqua

横幅60センチ

竹内一馬

横幅45センチ

タナカカツキ

つくり方は68ページ

横幅90センチ

小暮浩司

横幅120センチの大型水槽

小さいのも
かわいいけど
大きいのも
見応えあるな――!
広くて、
お魚も楽しそう
これは横幅
約4メートル
4メートル!
どこに置くねん!
『すみだ水族館』に
あります!
7メートルくらいのも
あるよ! 行ってみる?
行ってみる――!

見に行ってみる？ すみだ水族館の『自然水景』

東京スカイツリータウン®にある『すみだ水族館』。この『自然水景』は、水草水槽の中でも世界最大級です。

「水のきらめき～自然水景～」と名づけられたゾーンに、幅４メートルの「原生林の構図」、幅7メートルの「草原と石原」のふたつの作品があります。
水量は全部で約18トン、展示生物は約70種1,000点以上。
水草の生長でどんどん移り変わっていく、自然の水景が楽しめます。

えらいこっちゃ！
美しぇ〜〜〜〜！

うぎゃ〜〜〜〜

ADAの協力で2012年に
つくられたもの
すみだ水族館では「自然水景」
という名前で呼んでいます
すみだ水族館
東京都墨田区押上1-1-2 東京スカイツリータウン・ソラマチ 5F・6F
TEL 03-5619-1821　http://www.sumida-aquarium.com/

光合成をしてるのが分かるゼ！ 美しい気泡の花

水草水槽のお楽しみのひとつは、光合成をこの目で確かめられること！太陽のエネルギーを受けて、どの水草からもたっぷりの酸素がつくり出されます。

水の中なので水草がつくり出す酸素が目に見えるのです！

すばらしき気泡の花

この気泡！これが光合成でできた酸素を含む気泡なのです！

ルドウィジアspスーパーレッド

オーストラリア・ドワーフヒドロコティレ
アルテルナンテラ・レインキー
ラージパールグラス
水草の種類によっていろんな気泡のつき方がある
光合成…うわさでは聞いていたが、初めてこの目で見たぜ！
レッドミリオフィラム
ロタラ・インディカ
でき立ての酸素をチュチュチュチュチュチュチュ〜〜〜！
リシア
ロタラ sp ワイナード

絵の中の生き物たち

水草水槽はお魚も飼えます！
生き物を入れることで生態系が循環し、より美しい水景となるのです。

お魚は、楽しくかわいく美しく、
水景画をイキイキと彩ってくれます。

生きた宝石！
群泳するとなお美しい
カージナルテトラ
バタフライレインボー
魚になって、水景画の中を泳ぎたい
いろんな魚が入れられるんだよ
レッドプラティー
生き物は水草が光合成で出した酸素で呼吸します
テトラオーロ
ダイヤモンドゴールデン
エンゼルフィッシュ

オトシンクルス
シマカノコガイ
ゴールデンハニー
ドワーフグラミー
魚、エビ、貝などの生き物は「生体」って言うんだって
オトシンクルスやエビ、貝は水槽内のコケを食べてくれるお掃除屋さん。
レッドチェリーシュリンプ
アベニーパファー
ニューゴールデンネオンテトラ
でも、繁殖のさせすぎには注意！
わーん
水草水槽が「飼育水槽」になっちゃったよ——！わーん！それもまたよし？
ミッキーマウスプラティー
制作：吉原将史
生き物たちの出す二酸化炭素や有機物で水草もイキイキと育ちます

夜の水景

夜は水草も葉を閉じ、眠っているようです。昼間とはまた違う、静かな景色が広がります。

夜間は水槽のライトも消します

水草の眠る様子
夜の葉を閉じる仕草を「就眠運動」と言います
葉を閉じています。

水景画のできるまで

水景画をつくるには、まず下絵を描いてイメージを膨らませます。時間とともに、どんどん変わっていく水の中の景色を楽しみましょう！

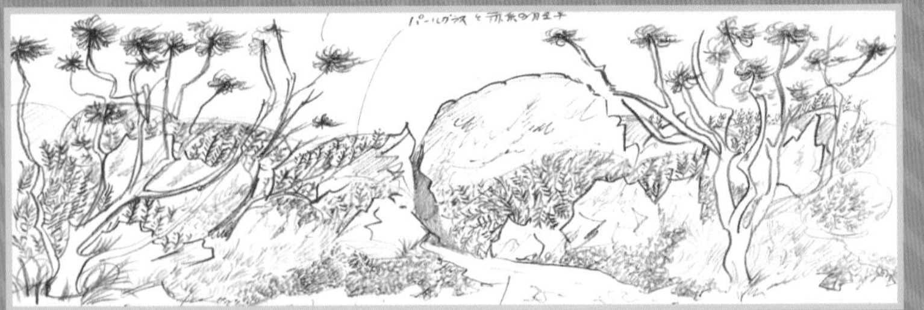
パールグラスと

初めに完成のイメージをドローイング！

流木を前面に配置。この流木は完成図をイメージする前に購入したもの。

高さを出すため発泡スチロールを使用。その上に石をドン！

崩れないようにしっかり石を組んでゆきます。

に生きた絵画が

水草育生用土(ソイル)を入れます。後ろにせり上げるように盛ります。

注水。まだ水は濁ってます。

水景画スタート!

植栽してゆきます。

1ケ月後

徐々に水草が生長しております! 石にこびりついていたコケも青々としてきました。

時間経過ととも

3ケ月後

かなりモサモサに。長く伸びすぎた水草はカットします。

4ケ月後

お魚や、コケ取りのエビも入っています。

完成！

砂で山からの細流を描けば水景画の完成となります。

できあがってゆく

5ヶ月後

景色の後ろに、山を見立てた石を置いてみました。

6ヶ月後

さらに赤系の水草も追加してみました。

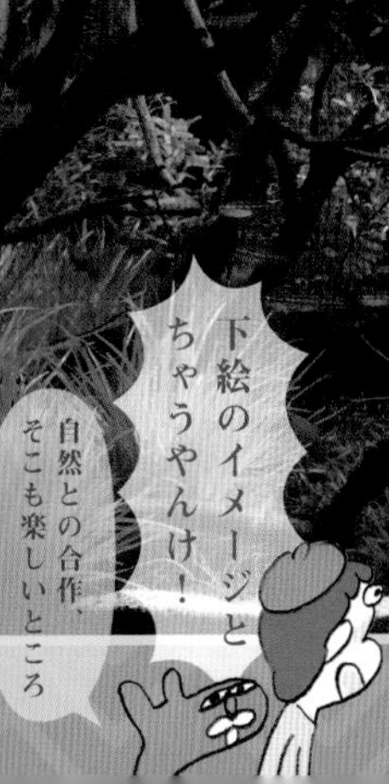

下絵のイメージとちゃうやんけ！

自然との合作、そこも楽しいところ

「山雨一過」タナカカツキ制作
（世界水草レイアウトコンテスト　世界ランキング22位）

お店に行って生の水景画をみてみよう！

水草ショップってのがあるんですよっ

水景画の画材屋さんです。水草水槽に必要な道具、生き物などがすべてそろいます。

石や流木などの自然素材もたくさん

H2さん
H2
Life at the water's edge
みずくさ
ねったいぎょ
水辺の生き物

H2 目黒店

東京都目黒区駒場1-36-5-102

http://www.h2-l.jp/

店頭でたくさんの水草水槽の実物が見られるのが特徴。見ているだけで楽しいし、とっても参考になります。

いろーんな水草

仕上がった作品を買うこともできます

店内には美しくレイアウトされた水槽がところ狭しと！

オリジナルグッズもあります

レイアウトに使える素材もたくさん

水景工房さん

都内で一番おしゃれでかわいい水草ショップです

aquarium shop 水景工房

東京都世田谷区奥沢 2-7-10　http://www.suikeikobo.com/

インテリアとしても美しい水草水槽の楽しみ方を提案。
ショップのオリジナルやセット商品にも注目です。

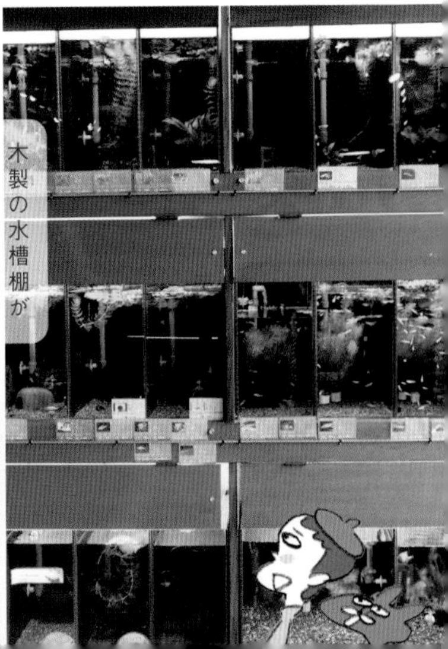

木製の水槽棚がステキすぎる！

AQUA SHOP
wasabi
WASABIさん
ウェルカム水槽は
水上でも楽しめる
水草水槽
京都にある
スーパーステキな
カワイイお店
水草も
シャキシャキで健康！

AQUA SHOP wasabi

京都府京都市伏見区深草西浦町5-4
http://aqua-wasabi.com/

水草水槽のトータルデザインを行う専門店。
技術ノウハウをYouTube「WASABI水草チャンネル」で配信中。

日本が誇る数々の
トップレイアウターを
輩出するお店！

An aquarium.さん

An aquarium. 音羽本店

東京都文京区音羽2-3-22　音羽FAビル1F
http://www.an-aquarium.com/

たくさんのレイアウターを生み出してきたショップ。
レイアウトに関する勉強会も行われています。

レイアウトの技を学びたければ
まずはこのお店へ猛ダッシュ！

アピストグラマ
という魚の
専門店でもあります

ランナー(繁殖茎)を伸ばし、新芽を展開する
オーストラリア・ドワーフヒドロコティレ

水景画は毎日新しく生まれ変わっているのです

なんともユーモラスで美しいこの軌跡を凝視せよ!

コケ取りに勤しむ石巻貝

第二章 やってみる？

水草水槽
すごいのは分かった
部屋の中に小さな大自然
あったらいいと思うけど
思うけど……
やっぱ大変でしょ？メンテとか

第一章では、美しい水草水槽のヴィジュアルを中心に、コンテスト、ショップまで、水草水槽を取り巻く世界を紹介しました。ここから始まる第二章では、つくり方の流れを楽しく追いかけてみます。

必要な道具はこーゆーもの！

「水草水槽」なので、なくてはならないのは水槽と水草です。その他にもいくつか必要な道具があります。

細かい説明なしで ざっくりといきますよー

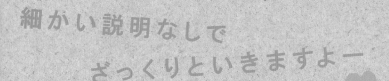

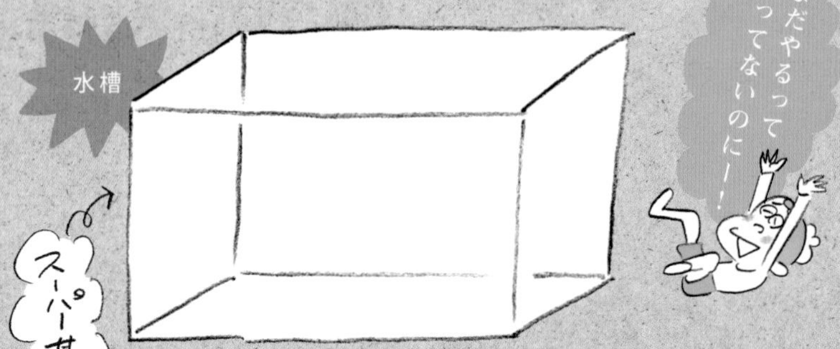

水槽
スーパー基本!!
まだやるって言ってないのに!!

大きいのから小さいの、正方形のもの、ブランド物からそうでない物まで、いろんな種類があります。

ろ過器

水をキレイに保つための道具です。中に「ろ材」が入っていて、バクテリアが繁殖します。

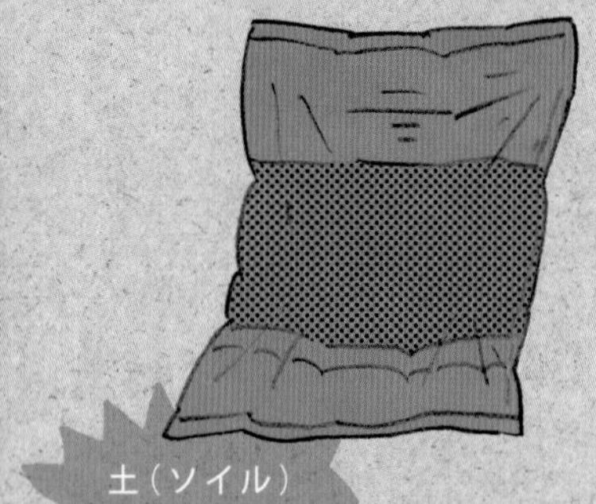

土（ソイル）

水槽の底に敷く土です。水を入れても濁らず、水草を繁茂させることができます。生き物に必要な栄養分もたくさん含まれているので、洗わずに使います。

水草

1本、1株、1ポットなどの単位で販売されています。増やして友達と交換したりするのも楽しいですよ。

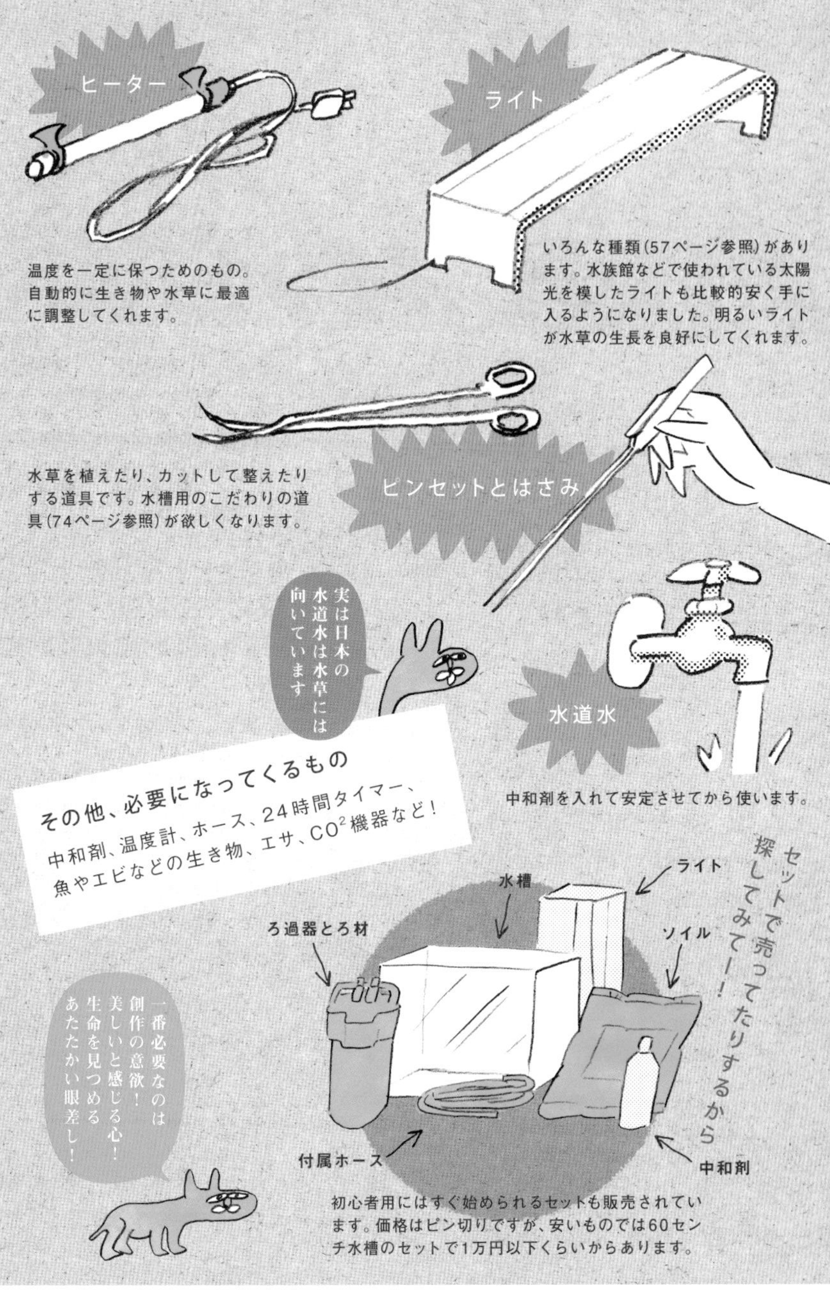
ヒーター
温度を一定に保つためのもの。自動的に生き物や水草に最適に調整してくれます。
ライト
いろんな種類（57ページ参照）があります。水族館などで使われている太陽光を模したライトも比較的安く手に入るようになりました。明るいライトが水草の生長を良好にしてくれます。
水草を植えたり、カットして整えたりする道具です。水槽用のこだわりの道具（74ページ参照）が欲しくなります。
ピンセットとはさみ
実は日本の水道水は水草には向いています
水道水
中和剤を入れて安定させてから使います。
その他、必要になってくるもの
中和剤、温度計、ホース、24時間タイマー、魚やエビなどの生き物、エサ、CO^2機器など！
セットで売ってたりするから探してみてー！
ライト
水槽
ろ過器とろ材
ソイル
付属ホース
中和剤
一番必要なのは創作の意欲！美しいと感じる心！生命を見つめるあたたかい眼差し！
初心者用にはすぐ始められるセットも販売されています。価格はピン切りですが、安いものでは60センチ水槽のセットで1万円以下くらいからあります。

どこに置くか問題

水草水槽を始めるにあたって最も大切なのは、水槽の設置場所。水を入れてから動かすのは重くて大変なので、しっかり計画を立てよう。

いったん水を入れた水槽は移動するのがたいへん
最初に場所を決めます

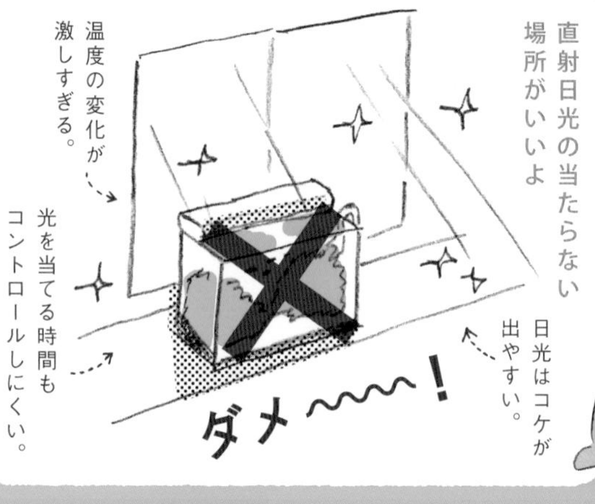
直射日光の当たらない場所がいいよ
温度の変化が激しすぎる。
光を当てる時間もコントロールしにくい。
日光はコケが出やすい。
ダメ〜〜〜！

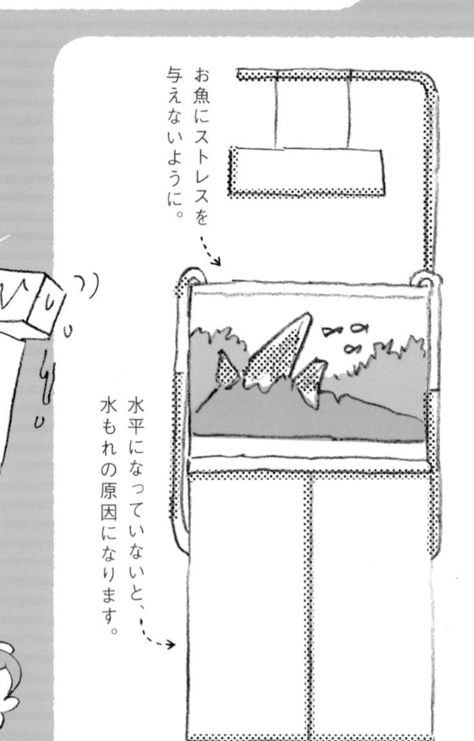
静かな場所がいいよ
お魚にストレスを与えないように。
水平になっていないと、水もれの原因になります。
重さに耐えられる水槽台
ぐらーん
背の届かない不安定な場所もダメ
あたりまえや！

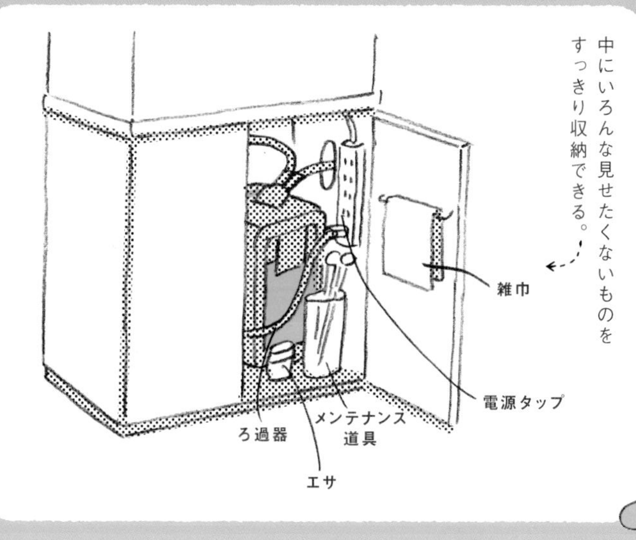
中にいろんな見せたくないものを
すっきり収納できる。
雑巾
電源タップ
メンテナンス
道具
ろ過器
エサ

水槽台が
やっぱり便利

水換えが
便利な場所がいいよ

水道から近いほうがいいよね（排出する場所にも）。

水場が遠いと
タイヘン！

水槽の置き場所が
決まったら
いよいよ
立ち上げです

どんな水景が見たいのか

水槽を立ち上げる前には、どんな水槽にするかイメージしてみます。
いろんな水景画を見て参考にしてみましょう。

ポヤヤ〜〜〜ン

イメージ

自然から学ぶ

スケッチや
スマホなどで撮影

「水草水槽」「水草レイアウト」
「水景画」で検索

ネットで
調べてみたり

雑誌「アクアプランツ」「アクア・ジャーナル」
写真集『ガラスの中の大自然』など

写真集や専門書などを
参考にしてみたり

京都精華大学の水槽学部ブログも
覗いてみてね〜！

私と部員が
書いています

京都精華大学水槽学部の水草ブログ

マンガもあるよ
タナカカツキ
『部屋へ！』

水草水槽がテーマ。
こんなの世界初！

動画も配信されています

YouTube
ランキング
[ADA view 314] Follow-up video of NA Gallery aquariums. 52weeks(6)
aquadesignamano
チャンネル登録
469 本の動画
2011.09.23植栽（372日経過）
1:05 / 4:19
グッド！
追加
共有
1,669
aquadesignamano さんが 2012/09/29 に公開
高評価 4 件、低評価 0 件
ネイチャーアクアリウム情報通信『ADA view』vol.314
今回は、2011年9月の海外セミナーで制作した水景の《第52週目》の経時変化です。

YouTubeで「ADA View」を検索！

この窓から見える
風景を水槽の中に
つくってみようかな〜

制作：池田晶紀

それもアリ

ざっくりとつくり方説明

道具がそろい、つくりたい水景画のイメージが固まったら、実際に水槽に水を入れて、植栽してみましょう！

石や流木などのレイアウト素材も準備するといいよ！（98-105ページ参照）
ざっくりいきますよー！

1 まずはスケッチ！

完成予想図（おおよそのイメージでOK）、植える水草も決めちゃいます！
（水草の種類は96ページに）

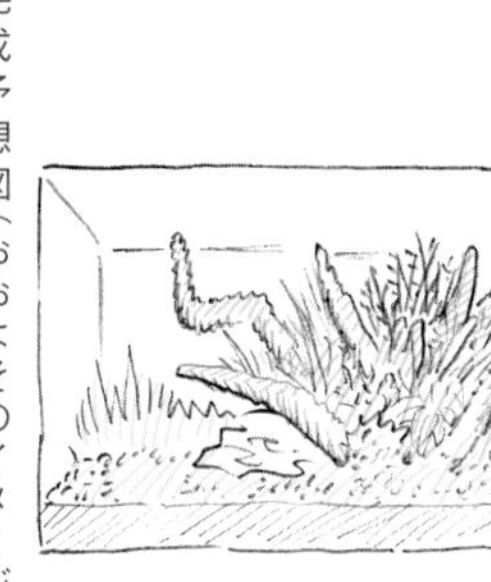

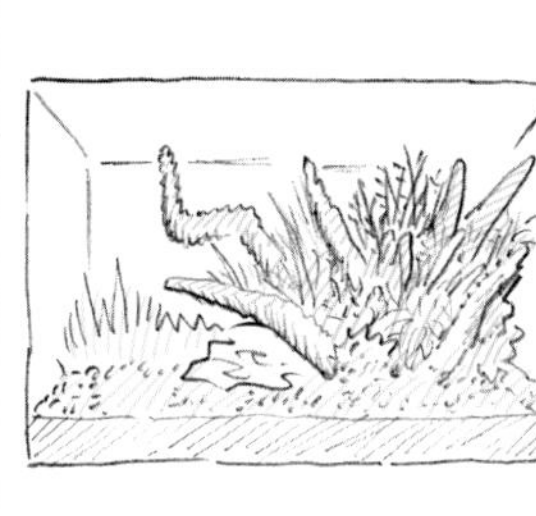

2 水草用の土（ソイル）を入れます

3 レイアウト素材を入れます

この流木でいくでー！
石も使っちゃお！

4 少し水を入れます

ソイルが舞い上がらないように、お皿などでそっと受けとめながら。

水道水でいいよ

5
水草を植栽します
ピンセットで植えていきます。
水草はあらかじめ種類に分けて
用意しておくと植栽しやすいよ。
6
器具を取り付けます
ライトやろ過器、CO_2機器、
冬場はヒーターなど。
水槽台もあれば便利。
魚はまだ入れちゃダメ！
7
水を足して、
器具のスイッチオン！
でスタート！
ピカーッ
以上
ざっくり説明でしたー！
ほんま
ざっくりやなあ
不安！
制作：H2
こんなふうに
うまくいけば
いいんだけど…
まずは知ること
調べること
Copyright© Aqua Design Amano Co.,Ltd. All rights reserved

CO^2って入れた方がいいの？

光とCO^2がとっても大切！

水槽にCO^2を添加することによって、水草の光合成を促進します。初心者にオススメの方法です。

水草が光合成をするためには、CO^2が必要です。
CO^2は水道水の中にも含まれているので
毎日換水できるのであれば、機器で添加する必要はありません。
CO^2添加機器により安定的に供給すれば
水草はよりぐんぐん、イキイキと生長します！

魚にとってのエサが
水草にとってのCO^2に
なるんだよ
CO^2の細かい気泡も
美しいのだ

小型ボンベが一般的です。
なくなったら買い足します。

CO^2添加により気泡まみれになる水草。

とにかく大事なのは光!!

水草は明るい光が大好き。光量のあるライトを選びましょう。

ライトもいろいろ

メタルハライドランプ

植物が大好きな太陽光と同じ平行の光のライト。水族館でも使われています。

スパイラル蛍光灯

水草や生き物がよく育ち、最もトラブルが少ないとされています。

LED

スタイリッシュなデザインのLEDタイプ。節電にもなります。

設置の仕方もいろいろ

上から吊るす

水槽の上にのせる

ライトはつけっぱなし？

点灯時間は自然のサイクルと同じ8時間を目安に。夜は消しましょう。実は「暗い時間」も大事なのです！

点灯時間が長すぎるとコケの発生の原因になります。

つけっぱなしではありません！

タイマーで8時間セット！

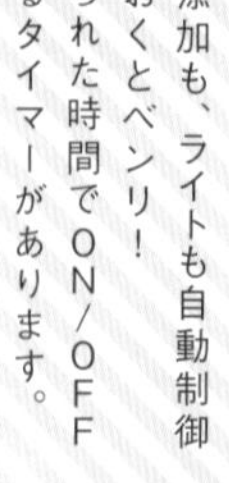

CO_2の添加も、ライトも自動制御しておくとベンリ！決められた時間でON/OFFできるタイマーがあります。

エビは夜も休まずコケ取り。

規則正しいリズムで

1日、何時から何時までライトをつけるか、8時間を目安に決めてください。
自然界にあるものは、規則正しいリズムの中で生きています。
毎日同じ環境であることが大事です。

人間も動物も同じ☆

水槽のライトを消しても部屋が明るいとダメよ！

魚はいつ入れればいい？

魚は水質が安定してから入れます。いきなり入れたりしないこと。ゆっくりと、細心の注意を払って。

セットしたばかりの水槽は水質が不安定。1週間から2週間、落ち着いてから魚を入れること。

魚はどれくらいの数入れられるの？

45センチ水槽で小さな魚なら、10匹くらい。キレイな水質が維持できているのであれば30匹くらいは入れられます。

どんな魚を入れるのがいいの？

色やカタチで選んだり、用途や種類で選んだり、水景画のモチーフにした場所に合わせて選んだり、さまざまな方法があります。

すぐに入れちゃダミーー！
やっぱ、そう？
大きすぎるよ！＆多いよ！
ふーん　これくらいが住みやすそう
魚の気持ちになればいい

水合わせの術

魚を入れる時は「水合わせ」をしながら、ゆっくりと。
やさしく丁寧に、注意深くやりましょう。

生き物をいきなり水槽に入れると
環境の変化にビックリしてしまいます。
最悪はショック死！

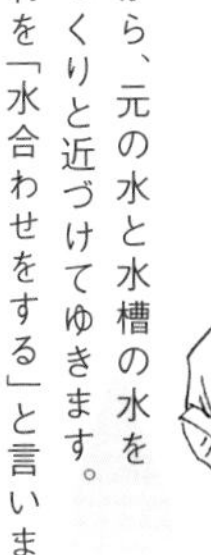

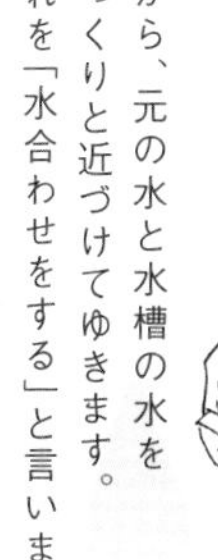

だから、元の水と水槽の水を
ゆっくりと近づけてゆきます。
これを「水合わせをする」と言います。

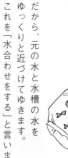

1

まずは水温を合わせます。
買ってきた袋のまま30分ほど水槽に
浮かべます。

ゆっくり水槽の水と混ぜられる
「水合わせキット」というものがあります。

2

袋ごとバケツに移して
バケツの水を3分の1程度捨てます。
ゆっくりと水槽の水をバケツに入れてゆきます。
水がたまったら、また3分の1捨てます。
これを3、4回くりかえします。

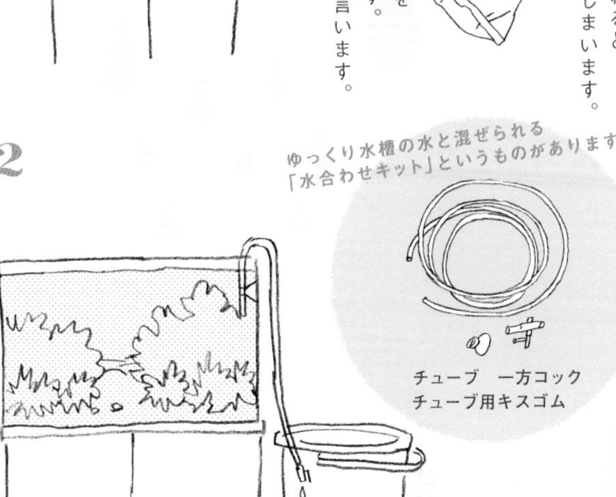
チューブ　一方コック
チューブ用キスゴム

ポタポタとゆっくりね。

3

水合わせ後、柔らかい網で
生き物だけをすくって水槽に入れます。

完了〜！

バケツの水は捨てる！
減った水の足し方は62ページを参考に

日々のメンテ

メンテには伸びすぎた水草をカットするトリミングや水換えなどがあります。

週に1度、2分の1の水換えが目安。

（水槽の環境を見ながら。汚れが目立つ場合は、少し多めの換水を。コケが出る場合は70ページを参考に）

70ページを参考に

それがメンテの基本！

重いー!! こんなの週に1度ムリー——！

道具を使えー！

水換えに必要な道具

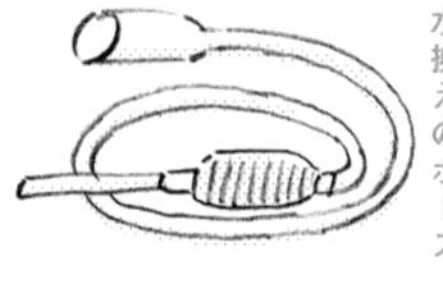
水換えのホース

ホースを使って、水槽から水を抜きます。

バケツ

バケツで水に中和剤を混ぜてから水槽に注ぎます。

中和剤
中和剤

水草や魚にとって有害な塩素を中和します。

1度にたくさんの水換えをすると
魚にもバクテリアにも危険なのだ！
中和剤を入れて
水道水の塩素を抜いて
水槽の水と
温度を合わせてね
そっとね、ゆっくりね
レイアウトを壊さないように
そ〜っと流し込む。
水の適温は
26℃くらい
でも一方で、
水草は新しい水を
全身で浴びるのが
大好きな生き物で
もあるのです！
日々のメンテを
することによって
水草はイキイキと
水景はキラキラと
輝き出します。
水景画は
ここからが
本番なのです！
水草が伸びすぎたら
どうするんだっけ？
次のページ
水草の
トリミングへ

水草のトリミング

時間の経過とともに、水草はどんどん増えていきます。水草が生長してきたら、トリミングをして整えましょう。

水草の種類によってトリミングの仕方は変わるよ
有茎草
シダ類
ロゼット型

水草は大きく分けて３種類。それぞれ水草によって適したトリミング方法があります。ここでは有茎草の場合を紹介しています。

うわー！もっさり〜！
でもなんか下の方がスカスカ
そろそろトリミングをせねばっ！

例えばまっすぐ伸びる有茎草の場合

1 伸びたー！

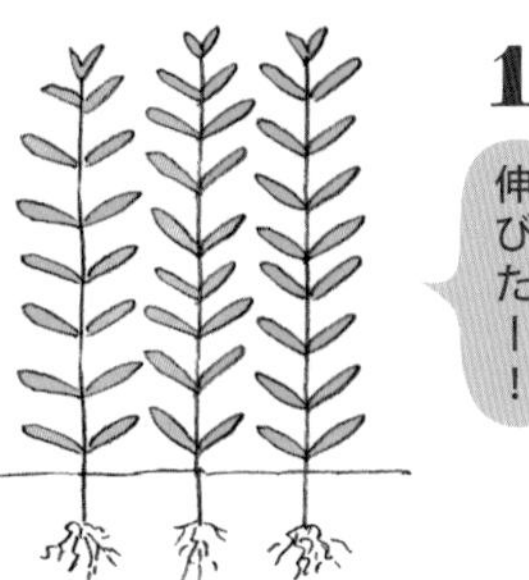

2 カット！

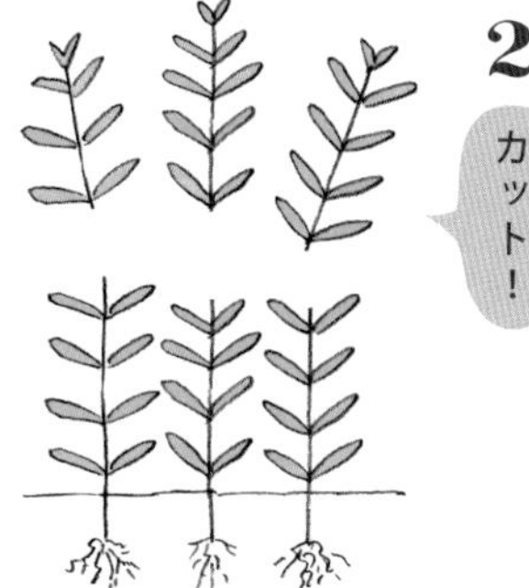

3 差し戻し

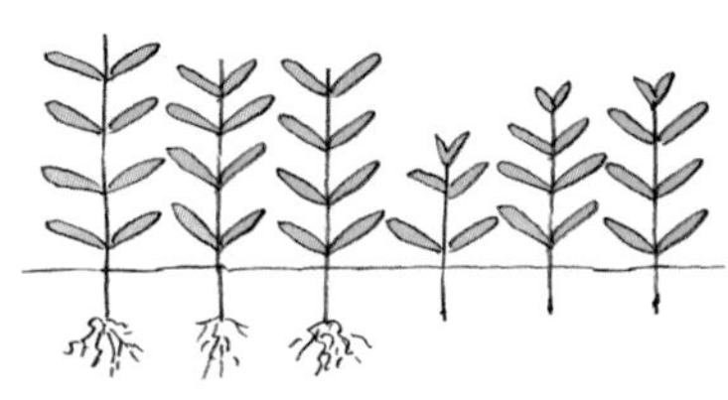

4 また伸びたー！

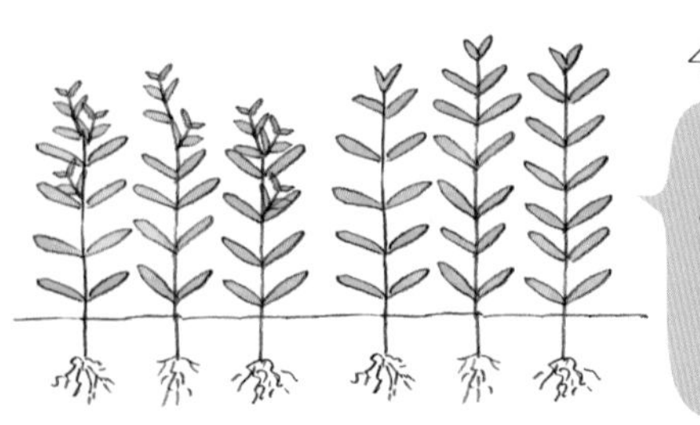

そんなテクニックがあったのかなんか覚えること多いな
最初はネ

水草はどんどんふえるのだ！

最初スカスカでも

トリミングをくりかえせばこんもりと群生感たっぷりの水草の茂みができ上がる。

増えた水草はどうすればいいの？

108ページにヒントがあるよ

静観

水槽セット後は、静かに、じっくりと、見守りましょう。
水草にとっても、生き物にとっても、安定した環境であることが必要です。

むやみに、水槽をいじらない。

デリケートな世界、そっと見守って。

やがて浄化バクテリアが水を透明にしてくれます。
小さな生態系ができあがり、
「強い水」ができあがってゆくのです。

いいねえ〜〜〜
そかー
部屋に地球を飼ってるようなもんだ

水草水槽の安定した生態系というのは、
少なくとも半年後、実際には一年過ぎてでしょう。
気長なおつきあいです。

静観あるのみ!

“じゃあ、やってみまーす！　45センチ水槽から”

では実際に、水槽の立ち上げから完成するまでをざっくりと見てみましょう。
45センチ水槽、木化石を使っての作例です。（タナカカツキ制作）

1

この石（木化石 98ページ参照）3つを使ってレイアウトしてみます。

使用する水草は、こちら。

レッドミリオフィラム、ニューラージパールグラス、ヘアーグラス、パールグラス、ブリクサ・ショートリーフ、ロタラ・インディカ

2

水槽サイズは45センチ。
今回は背景に空をイメージしたバックスクリーンを貼りました。バックスクリーンはブルーのグラデーションをプリンターで出力した用紙で自作！
ライトはスタイリッシュなADAのLED照明「アクアスカイ451」。

3

ソイルを入れます。
前面から後ろにかけてせり上げるように。

使用したソイルはノーマルタイプとパウダータイプの2種類。ソイルはたっぷりと養分を含んだ土です。
粒が細かいパウダータイプはノーマルタイプの上からふりかけます。

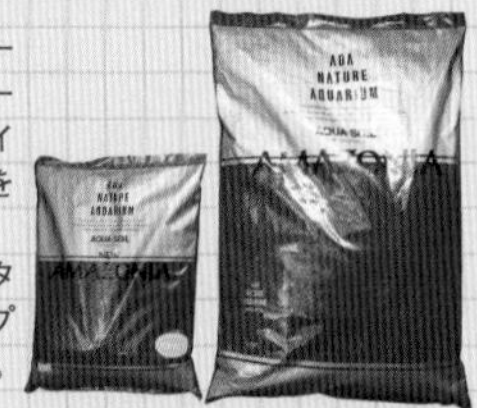

イメージをスケッチ。（完成予想図）

4

配石して、その上からさらにソイルを盛ります。その後、霧吹きなどで全体を湿らせておけば、注水時にソイルの浮き上がりを防げます。

5

水の勢いを抑えるために、小皿や手で水を受け止めながら水を注ぎます。水槽の半分ほどの高さまで水を入れたら、植栽です。

6

植栽が終わったら、再び水を注ぎます。器具を取り付け、ライトを点灯！

7

20日後。

ライト点灯時間8時間　$CO^2$1秒に1滴
ヤマトヌマエビ3匹、メンテナンスフィッシュとしてオトシンクルス2匹

8

伸びすぎた水草をトリミングしました。

75日後。　完成〜〜〜！

コケがでた〜〜〜!!
うわ――!
コケだらけやぁ〜!
静観しすぎたぁ――!
立ち上げ初期、2週目から4週目くらいはとくにコケにさいなまれるのが普通です。1月半もすぎてくるとそこそこ安定して、ようやく水草水槽として軌道に乗り始めることでしょう。落ち着いてコケ対策しましょう。
もわもわしているのは、糸状のコケ、アオミドロ
バクテリアが水を透明にしてくれるハズが、コケだらけに！ さて、どうしたらいい？
うわ――ん！大失敗や！
やっぱ、オレなんて最初から水草なんかムリやったんや！なんにもでけん男なんや！オレなんて生きてても何の役にも立たんカスみたいな男なんやー！
プルプル
プルプル
プルプル
あわてない なんでコケが出るか考えよう

ライト

コケ発生の最大原因。長時間の強すぎる光は禁物。逆に弱すぎる光だと水草が十分に光合成を行えず弱って、コケが付きやすくなります。ライトは1日6～8時間の点灯で。

CO_2不足

CO_2が不足すると水草が十分に光合成を行えず弱って、コケが付きやすくなります。CO_2を添加するか、水換えで対応。

生体とエサの量

生体が多すぎると、排泄物などがコケの養分になります。エサのやりすぎにも注意しましょう。

水草の量

水草の量が少ない場合、水槽内の養分が余ってコケに利用されてしまいます。

養分

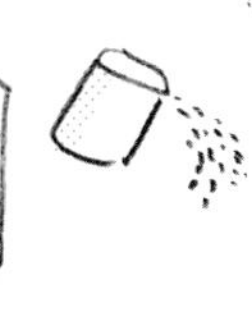

水草の養分は、肥料、エサの食べ残し、生体の排泄物などがあります。これらが多すぎるとコケの養分にもなります。

フィルターの能力不足

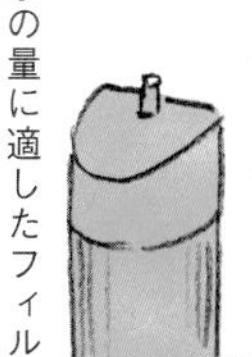

水の量に適したフィルター、適正な水流でないと、汚れが蓄積します。

日光が入る

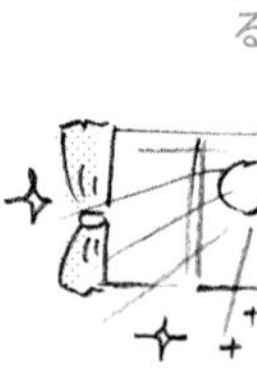
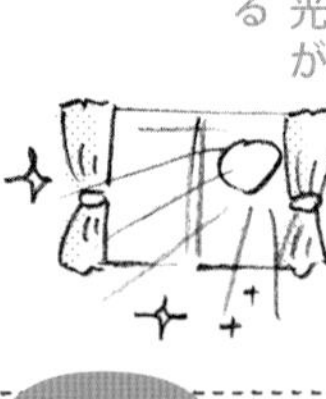

日光が当たると生えます。

水換え

週1回水槽の2分の1くらいの定期的な水換えを基本に。コケがひどい時は週2回にするか、3分の2くらいと量を増やします。

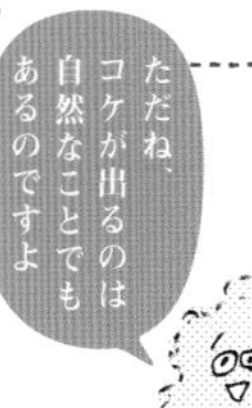
全部思い当たるなぁ…
コラー!
水質が安定して水草が健康に育生している環境では水槽にコケがつかなくなります
ただね、コケが出るのは自然なことでもあるのですよ

おまたせ！ヌマエビの登場!!

コケに困ったらヌマエビを始めとするコケ取り部隊を水槽へ。水をキレイにしてくれる強い味方です。

コケを食べてくれるのだ！

水草屋さんで売ってるヨ！
ヤマトヌマエビ
ヌマエビの仲間はエビの中でも特にコケをよく取ってくれます。
体長2〜4センチくらいになります。
白くなって死んじゃった！と思ったら、脱皮！
コケ取り部隊出動！
小さいけどコケを食べてくれます。水槽内で繁殖します。
ミナミヌマエビ

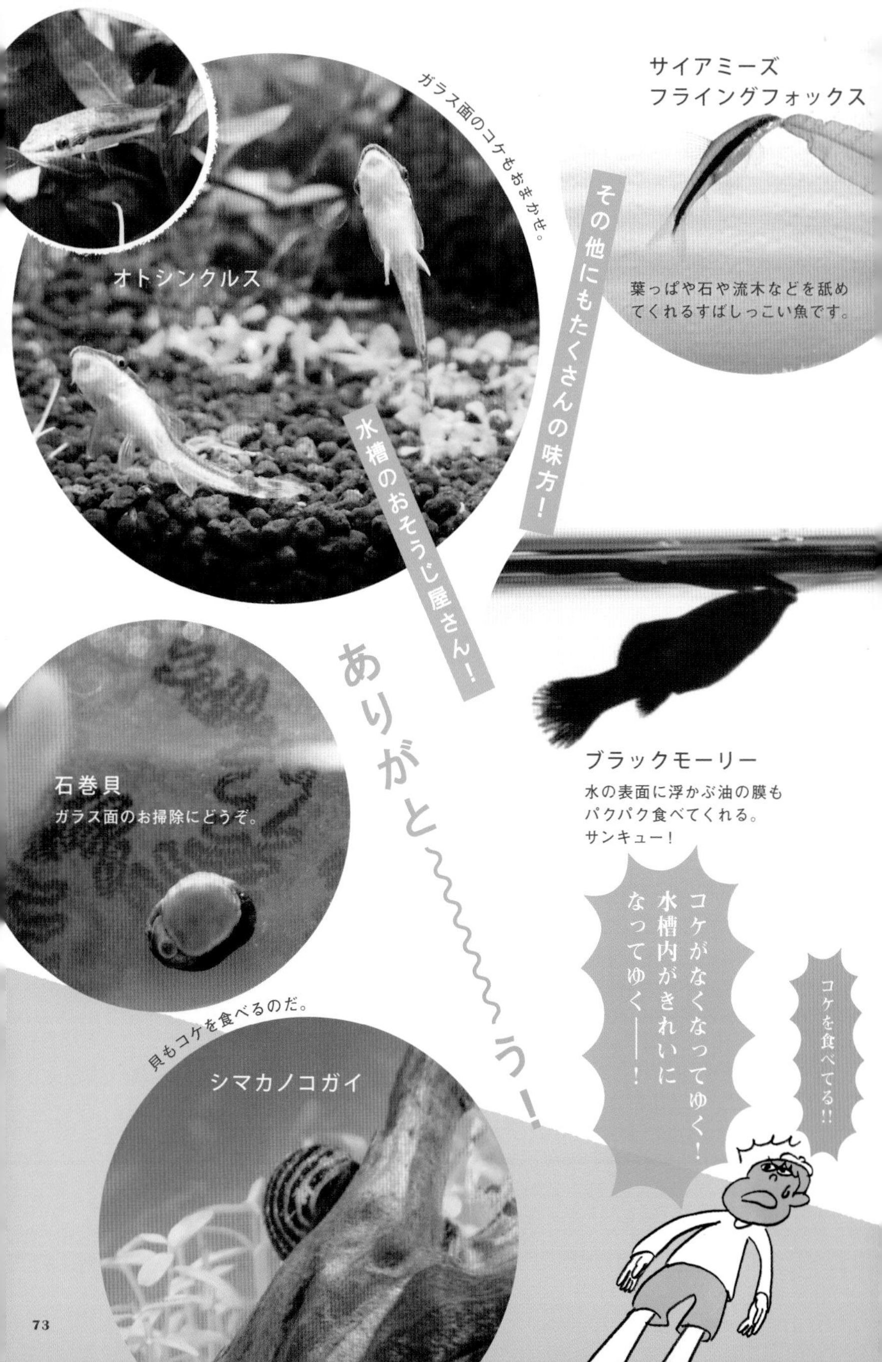
ガラス面のコケもおまかせ。
オトシンクルス
水槽のおそうじ屋さん！
その他にもたくさんの味方！
サイアミーズ
フライングフォックス
葉っぱや石や流木などを舐めてくれるすばしっこい魚です。
ありがと〜〜〜う！
ブラックモーリー
水の表面に浮かぶ油の膜もパクパク食べてくれる。サンキュー！
石巻貝
ガラス面のお掃除にどうぞ。
コケがなくなってゆく！
水槽内がきれいになってゆく――！
コケを食べてる!!
貝もコケを食べるのだ。
シマカノコガイ

こだわりの道具

まず最低限必要なのはピンセットとハサミ！ 100円ショップで売っているような安価なものでもできますが、いいものはやっぱ違うぜー！

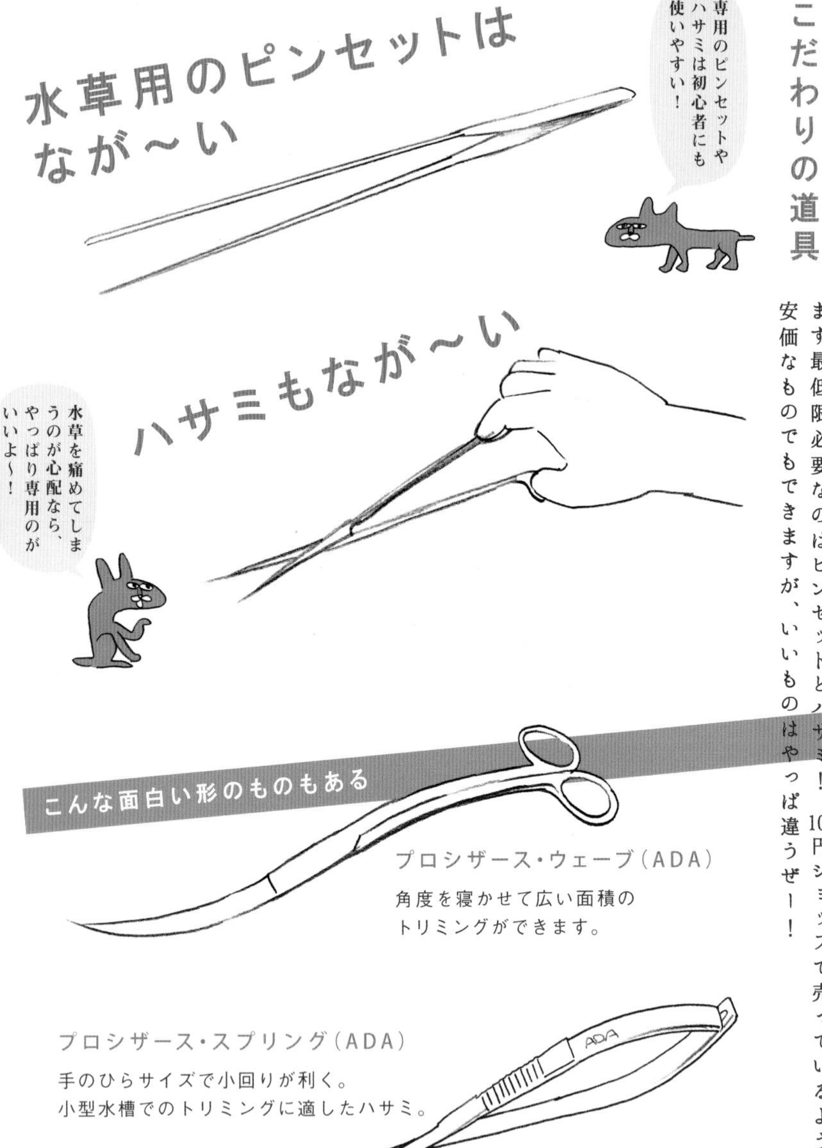

水草用のピンセットは なが～い
専用のピンセットやハサミは初心者にも使いやすい！
ハサミもなが～い
水草を痛めてしまうのが心配なら、やっぱり専用のがいいよ～！
こんな面白い形のものもある
プロシザース・ウェーブ（ADA）
角度を寝かせて広い面積のトリミングができます。
プロシザース・スプリング（ADA）
手のひらサイズで小回りが利く。
小型水槽でのトリミングに適したハサミ。
ADA

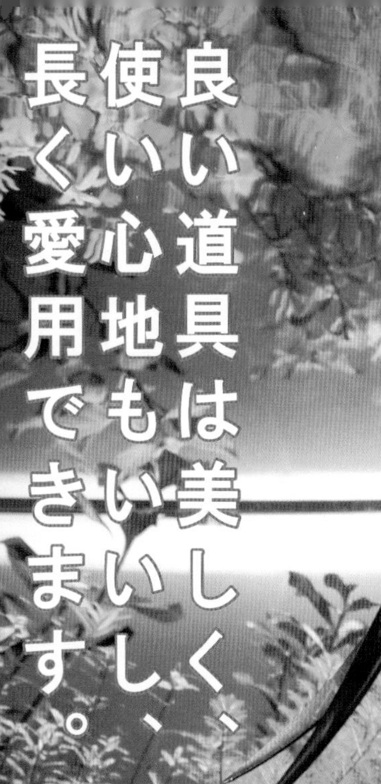

良い道具は美しく、使い心地もいいし、長く愛用できます。

これ、何の道具？

他にもいろんな道具

三角定規なんかでもできるけど、これ、あったらベンリなんだよな〜！

プロレイザー（ADA）

ガラス面のコケをけずり落とす道具です。

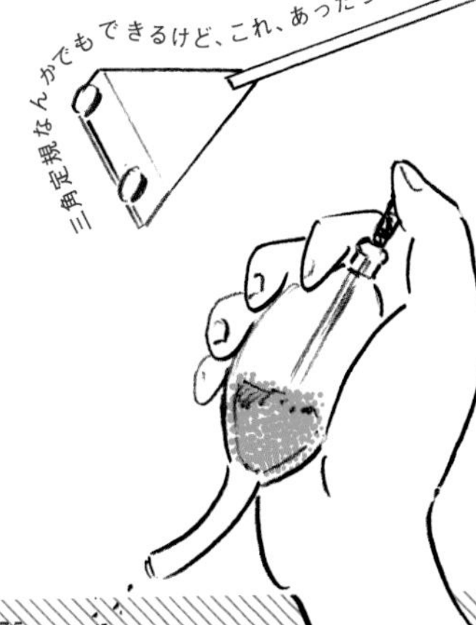

なんじゃこりゃ！

APグラス（ADA）

魚にエサを与えるガラス機器。
手に馴染む！ 贅沢品〜！

カバー写真の水草水槽ができるまで

友人のよつばさんに、カバー写真にするための水草水槽を一から立ち上げていただきました！　女性らしい、おしゃれでかわいい水景に挑戦！

❶ スケッチ

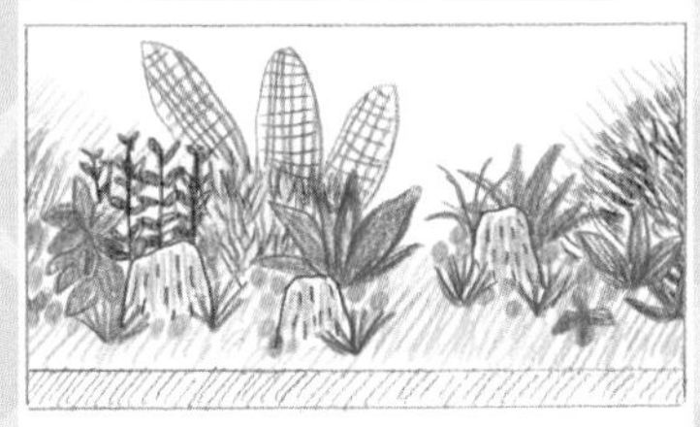

木化石をお庭の敷石のようにほとんどソイルに埋めて使用します。

使用水草

アマゾンソード、ブリクサ・ショートリーフ、グロッソスティグマ、アルテルナンテラ・レインキー、レッドミリオフィラム、グリーンミリオフィラム、ルドウィジアspスーパーレッド、アマゾンチドメグサ、アヌビアスナナ・プチ、シペルス、レースプラント

大きめの葉っぱをチョイス。
メインはこのレースプラント！
うまく育てられるでしょうか。

❷ 水槽サイズは60センチ

ライトはADA「アクアスカイ602」です。

❸ 木化石を置きます

上からノーマルタイプのソイルをふりかけます。ソイルは前面から後ろにかけてせり上げるように。手前のソイルは定規などで平らにならしておくときれいに見えます。

❹ 植栽

3分の1程度まで注水して、スケッチを見ながら植栽します。

わー！ 素手で植栽！
よつばさんはまだ自分のピンセットを持ってません。

⑧ 45日後

魚を入れました！　葉っぱのようなフォルムが特徴的なハチェットです。その他、ロングフィンゼブラダニオ、ゴールデンテトラ。水草もイキイキと育っているようです。

⑨ 110日後　完成〜〜〜〜〜！

よつばさん、レースプラントの育ちが遅すぎて、新たにレースプラント追加！　ずるい！

ライト点灯時間８時間　$CO^2$１秒に２滴
ヤマトヌマエビ10匹、メンテナンスフィッシュとしてオトシンクルス３匹、サイアミーズフライングフォックス２匹

女子水槽のでき上がりー！
とってもかわいくできたので
表紙に採用〜！　やったぁー！

⑤ 水を注ぎます

濁っててなにがなんだか分かりません。全体像が見えないので、続きは明日。

⑥ １日で、水がカリッと透明に！

残りの素材を植栽します。

⑦ レースプラントが入りました

スケッチにはなかった水草も入っています。すでに計画は崩れつつも、かわいいレイアウトに思えてきました。
CO^2機器も取り付けました。

誰もまだ見たことないような水景画を描いてみよう！

「世界水草レイアウトコンテスト２０１６」世界ランク４位に輝いた作品は、こうして作られたのだった！

制作：タナカカツキ

そんな水景画は
見たことないぞ！

おおよそのイメージをスケッチします。
底面から光が反射しているイメージ。

なんと鏡を
使うとは！

底面に鏡を45度に傾けて設置。

とにかく反射が
眩しい〜
サングラス装着！

硬化剤を使って、鏡の上に石を接着しながら配石してゆきます。
手から石がすべり落ちたら、鏡もろともレイアウト崩壊！
ハラハラしながらの作業。

石の隙間に流木を這わせながら自然な流れを意識してレイアウト。
足したり、引いたり。

石や流木の影、角度を細かく調整。
ダイナミックな流れが表現できているか？

遠近感を出すために、
手前に大きい素材、奥に小さい素材を配置。

ミスト式とは？
水槽を満水にせず、空気中の水分で水草を育成してから注水する方法です。

ミスト式、実は私が提唱しましたっ！
この方法だとコケの発生も抑えられるし、植栽も水草素材を置くだけでいいからラクラク～

写真ではわかりませんが、奥の植栽スペースにソイルを流し込みました。
霧吹きで全体を湿らせ、水草を植栽してゆきます。
ガラスの蓋をして、水分が逃げないようにミスト式の管理。

手前にも水草を植栽。石と流木も、足したり引いたり、
向きを変えたり、レイアウトは続きます。

２ヶ月ほどが経過
水草はモサモサになりました。

崩れ出さないか、
ドキドキ
ゆっくり〜

注水します。

水草を短くトリミングし、整えます。
後方にも有茎草を植栽しました。魚も入れました。

底から神々しい光が
攻めてる〜！

撮影をして、これでいったん完成！　製作期間は７ヶ月でした。

小型水槽「AQUA-U」を使ってレイアウト

本書で取材させていただいた加藤水槽さん（126ページ）が手掛けた水槽が商品化されました。その名も「AQUA-U」。グッドデザイン賞も受賞。

制作：タナカカツキ

1

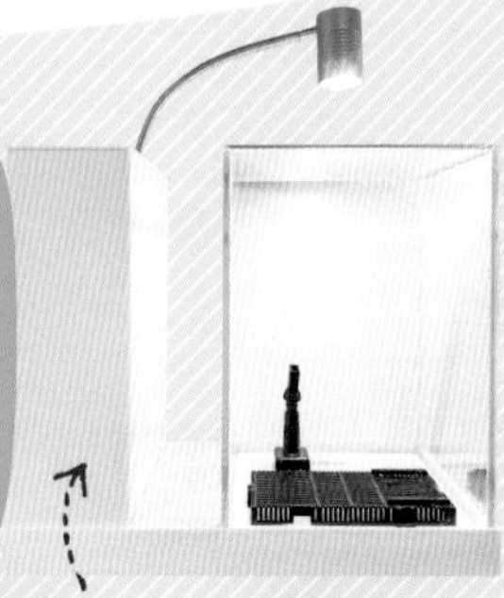

器具を組み立て、セットアップ完了！

モーターやろ過槽は
このタワー内に収納されている。

器具やコードが見えない
すっきりしたデザイン！

2

園芸用の軽石を敷きます。

3

ソイルを入れ、霧吹きで全体を湿らせます。

4

植栽します。

ニューラージパールグラスを
使用しました。

5

ガラス蓋をして、ミスト式管理。

乾いた部分があれば、
霧吹きで湿らせる。

6

3週間が経過しました。

水槽幅18センチ
狭いお部屋にも
お手軽なサイズ

7

蓋をはずして、注水。

レイアウトも始めてゆきます。

8

後景に有茎草を植栽してゆきます。

冬季はタワー内にヒーターを入れることもできます。

9

前面に白砂を敷き、流木も配置しました。

ピンセットで角度を調整。

10

水が安定したので、お魚を入れました。

11

撮影して完成〜！

わたしの水草アトリエ

理想の作業環境を追求するあまり、水草水槽のための専用空間を作ってしまいました！ここで日々、水草と向き合っています。少しだけ、ご案内します～。

過去の作品はアクリルのパネルに出力して壁掛けに

いつでも撮影できるようにロールの背景紙

こちらが水草をストックしておくパレット水槽

こちらがメインのキャンバス水槽120センチ

こちら側はステンレスの流し台メンテナンス道具なども

水槽はいくつあるんですか～？

大小あわせて9本ほど管理しています！

こちらも水草をストックしている120センチ水槽

ミスト式で水草を管理している90センチ水槽

超便利な排水溝

流木や石、素材置き場

暮らしにとけこむ、水草水槽

本書でもいくつか作品画像を提供いただいている
徳差江里さんのご自宅。
リビングの中央に大型水槽が鎮座しています。
さすが日本女性トップレイアウター、
水草水槽への向き合い方がちがいます。

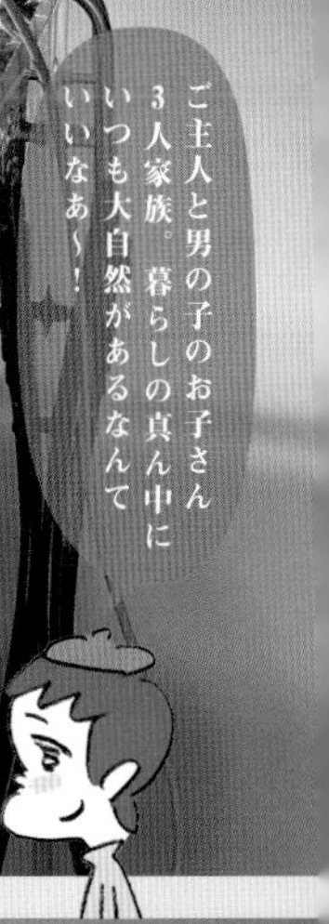

ご主人と男のお子さん
3人家族。暮らしの真ん中に
いつも大自然があるなんて
いいなぁ〜！

blog「ワタクシ水槽」
https://watakushiblog.com
Instagram
https://www.instagram.com/eritokusashi

写真を撮って記録をしよう

カメラのファインダーを覗くと、またひと味違う水景が楽しめます。水景画の記録を撮って、インスタで自慢するのも楽しい。

3次元が2次元に変わると、また違う美しさがある

実際の水槽より、写真のほうがキレイだったりするのはよくあること

「ADA世界水草レイアウトコンテスト」

グランプリは100万円!
調子にのって世界コンテストに応募しちゃえー!
2000000

応募要項や過去のグランプリ作品などはホームページでチェック! http://jp.iaplc.com/

私が投稿してるインスタです。

suisou_gakubu
フォロワー11千人

第三章
こんなこともやってみる？

ざっくりと水草水槽のつくり方が分かったところで、今度はどうしたら水の中に自由に絵が描けるのか？第三章では、水景画に使える水草や生き物や木など、いろんな素材に注目します。

こういう木みたいに
なってるのって
どんな水草使ってるの？
そういうお話も
してゆきますか
第三章！

水の中の木

水景画でよく見かける「木」の表現。
水の中にある木はどのようにしてつくっているのだろう？

これ、どーやってつくってんの？

それは、流木に糸で「モス」（南米ウィローモス）を巻きつけているだけけっ！

モッス!!

モスって？
水草の世界で「モス」といえば、水生コケの通称「ウィローモス」のこと。表現の幅を広げてくれる水草です。

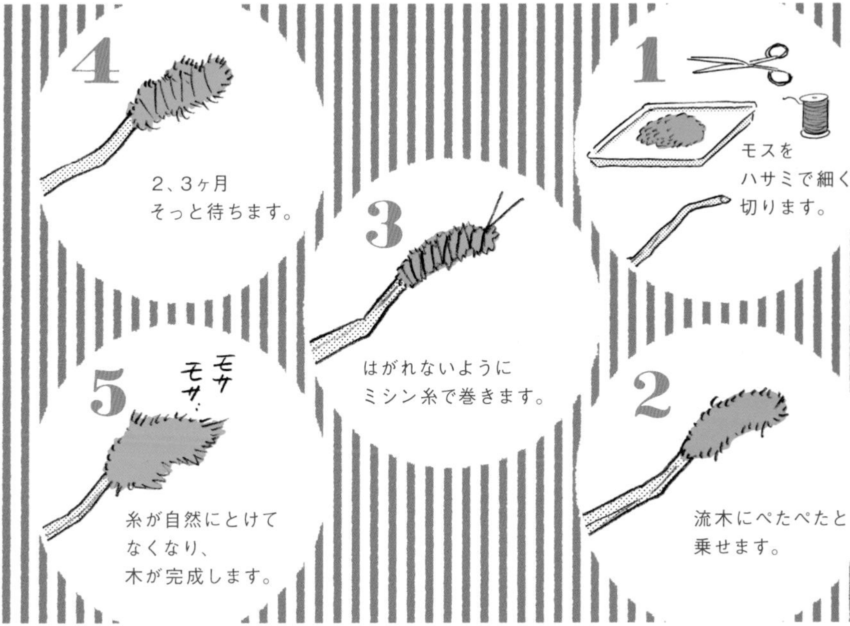

1
モスを
ハサミで細く
切ります。

2
流木にぺたぺたと
乗せます。

3
はがれないように
ミシン糸で巻きます。

4
2、3ヶ月
そっと待ちます。

5
モサモサ…
糸が自然にとけて
なくなり、
木が完成します。

水の中から取り出してみたぜ～

それにしても
マニアックなこと
してるなぁ～笑

ウィローモスの可能性

ウィローモスは活着性があり、流木や石にくっついて生長します。いろんなものに巻いて水槽に入れてみましょう。

石に巻いてみましょ
流木の時と同じく、
糸でぐるぐる…
数ヶ月後には
水槽の中から
取り出してみました
モサ〜
木の球に巻いてみた！実験！
マリモみたくなったー!!

うへへへへ
活着（かっちゃく）してる
割りバシに巻いてみた！
くっつくことを「活着」と言います
ウイローモスには
可能性しか感じない！
底面に沈めていれば、モスの平原みたくもなる！
わたくし可能性だらけ

リシアの茂み

浮き草リシアを沈めて使うと、モコモコした丘をつくることができます。育ちもよく、簡単に立体的な景色の素材となります。

リシアは日本にも自生する水草です。ライトグリーンがとても美しいです。

根を張らず、自然界では水面に浮いて生息しています。

魅力はなんといってもこの気泡。

リシアって?

「鹿角苔(カヅノゴケ)」というコケの仲間で、もともとは浮き草です。

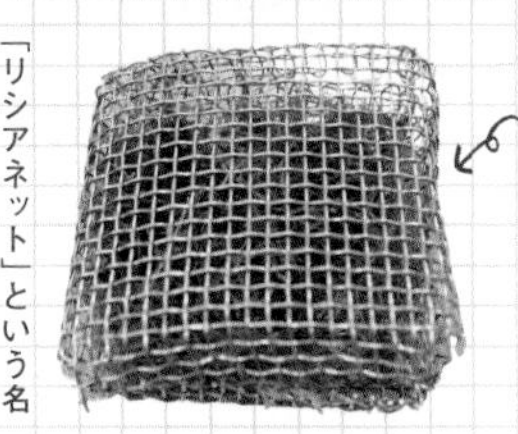
ステンレス

「リシアネット」という名前で売っています。これは著者が自作したもの。

ネットに入れて沈める。

こんもりと生長します。

石に巻き付ける方法もあります。

「リシアストーン」という名前で売っていますが、巻きやすい石があればそれでよし。

活着はしないので、テグスなどで巻く。

このモコモコした丘は
リシアで
つくっているのか

ファ〜
リシアは生長すると
自分の浮力で…

バッコーン
また沈めて
使います

パールグラスの山
パールグラスはトリミングしやすく、
レイアウトに最も適した水草と言われています。
葉も小さく、繊細で、
美しいライトグリーン。
ハサミで
チョキチョキ
チョキチョキ
チョキチョキ。
モサー
モサー
モサー
トリミングしてスッキリ！
丸坊主。
あの丘の上で
弁当食べたい…
パールグラスって？
水草水槽に使う代表的な有茎草です。
横に広がる特性があります。

憧れの絨毯

誰もが憧れる水草の絨毯。ソイルに這うように生長する水草にもいくつか種類があります。

こちらは水草絨毯の定番グロッソスティグマ

いろんな種類があるから検索して調べてみよう

上に這いながら生長する特性があるのです

絨毯化する前はこんなふう

こちらはウォーターローン

ニューラージパールグラスとショートヘアーグラスの混栽

たっぷりの光量とCO_2があればうまくいくらしい

絨毯化する前のニューラージパールグラス

水草の絵の具

レイアウトに使えそうな水草には他にどんなものがあるんでしょう。代表的なものを色別に紹介します。

明るいグリーン

パールグラス

ロタラ・マクランドラグリーン

ロタラ・ナンセアン

ラージパールグラス

ショートヘアーグラス

ブリクサ・ショートリーフ

オレンジ

ニードルリーフ・ルドウィジア

ロタラ・インディカ

レッドミリオフィラム

ブラウン

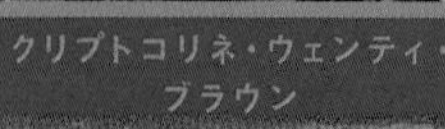

クリプトコリネ・ウェンティ・ブラウン

ロタラ・ワリッキー

それぞれの色、形、生長のスピードも違うから、
育ててみてコツをつかむしかない！

深いグリーン

キューバパールグラス

フレームモス

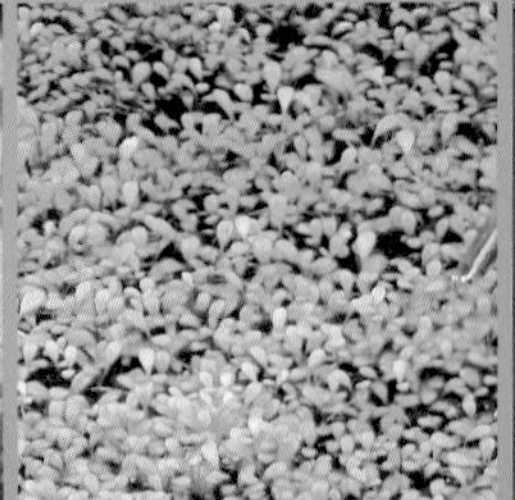

グロッソスティグマ

アンブリア

グリーンロタラ

ミニマッシュルーム

赤系

アラグアイア・レッドクロスプランツ

アルテルナンテラ・レインキー

ルドウィジアspスーパーレッド

他にも、もっとたくさーーん！ ありますよーー！

いろんな素材があるんだなぁー

ネサエア・レッド

ロタラ・ロトンディフォリア

石にもいろいろ

水景画の素材は水草だけではございません。石や流木も魅力的な素材です。

石、流木などのレイアウトの材料は「素材」と呼ばれています
木化石
樹木が長い年月をかけて化石になったもの。
山谷石
こぶし前後の大きさのものが多い。
そんな石にもいろいろ種類があるもんですな
万天石
角ばった岩肌が持ち味の山の石。
龍王石
細かい切れ込みがあったりする。白い模様はカルシウムか、石英。
雲山石
天然火山岩を加工した荒々しい石。
お店ではこんな感じで売ってます

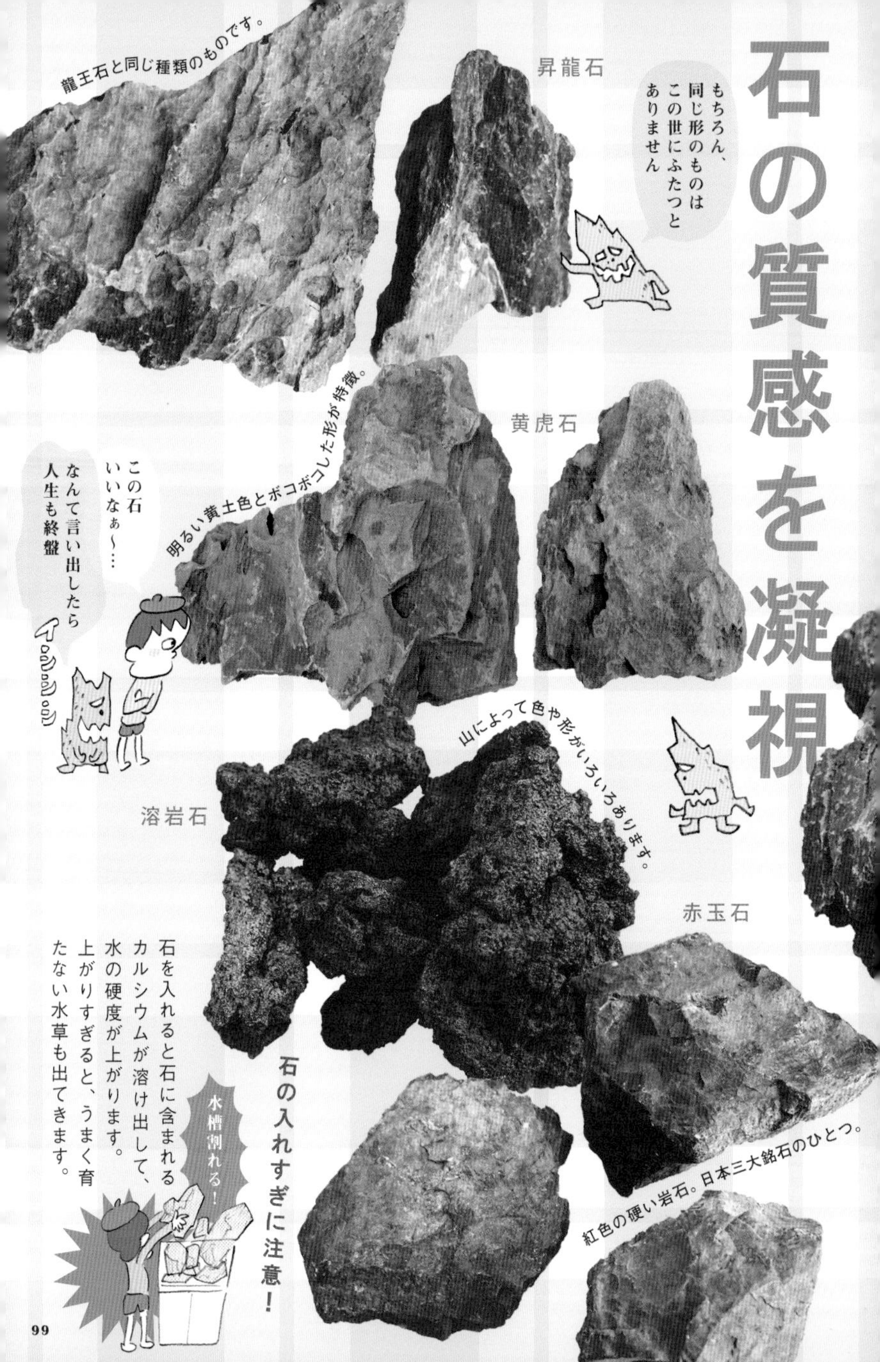
石の質感を凝視
もちろん、同じ形のものはこの世にふたつとありません
昇龍石
龍王石と同じ種類のものです。
黄虎石
明るい黄土色とボコボコした形が特徴。
この石いいなぁ～…
なんて言い出したら人生も終盤
イシシシシ
溶岩石
山によって色や形がいろいろあります。
赤玉石
紅色の硬い岩石。日本三大銘石のひとつ。
石を入れると石に含まれるカルシウムが溶け出して、水の硬度が上がります。上がりすぎると、うまく育たない水草も出てきます。
石の入れすぎに注意！
水槽割れる！

石の顔

石は見る角度によってさまざまな表情があります。
グッとくるいい角度を見つけて水槽の中に入れましょう。

水草ショップで
石を買ってきました

石を買うなんて
思ってもみなかったなぁ…
だって、石ですよ！　石！

クリスマスプレゼントが
石だったら子供は愕然！
オトナの私は
たいへんうれしい

石を手にして
ぐるぐる回してみます

どの角度が見栄えがいいかジロジロ見ます
ジロジロ…
ジロジロやってるとあ！って感じで石の顔が見えることがあります
あっ
角度を変えれば、表情も変わるいろんな顔を見つけてください
っん？この角度かな。ジャーン！
生け花の世界でも花の顔を見つけて活けるんだって
同じですな

流木と出会う

流木もレイアウトに使われる素材です。ひとつとして同じものはなく、こちらもいろんな種類があります。主に、アマゾン、東南アジアなどから輸入されます。

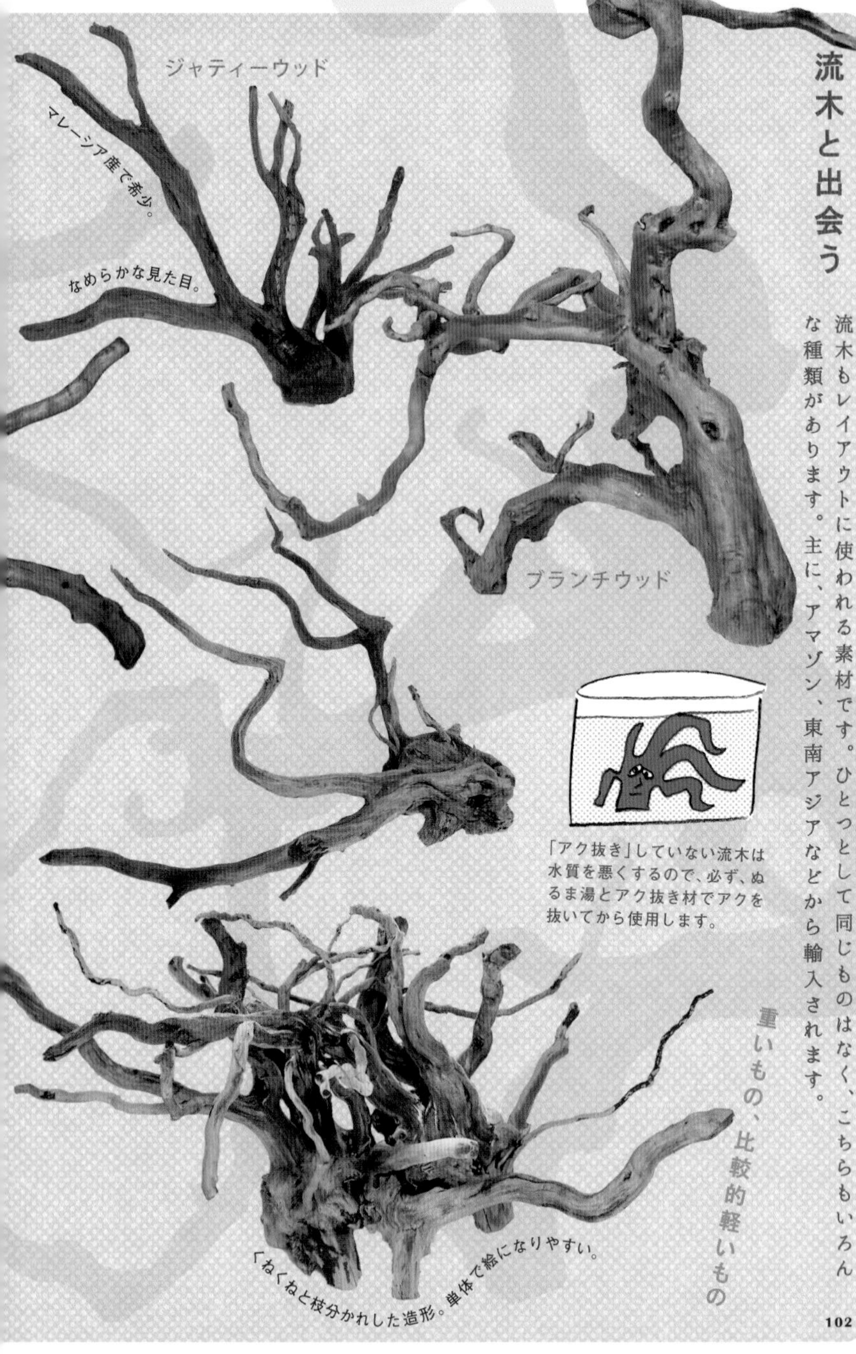

ジャティーウッド
マレーシア産で希少。
なめらかな見た目。
ブランチウッド
くねくねと枝分かれした造形。単体で絵になりやすい。
重いもの、比較的軽いもの

「アク抜き」していない流木は水質を悪くするので、必ず、ぬるま湯とアク抜き材でアクを抜いてから使用します。

出会うしかない！

スマトラウッド

自然な木の色合いが特徴の枝の流木。

枝状のものが多いので組み合わせて使われる。

同じ造形は絶対ありません！

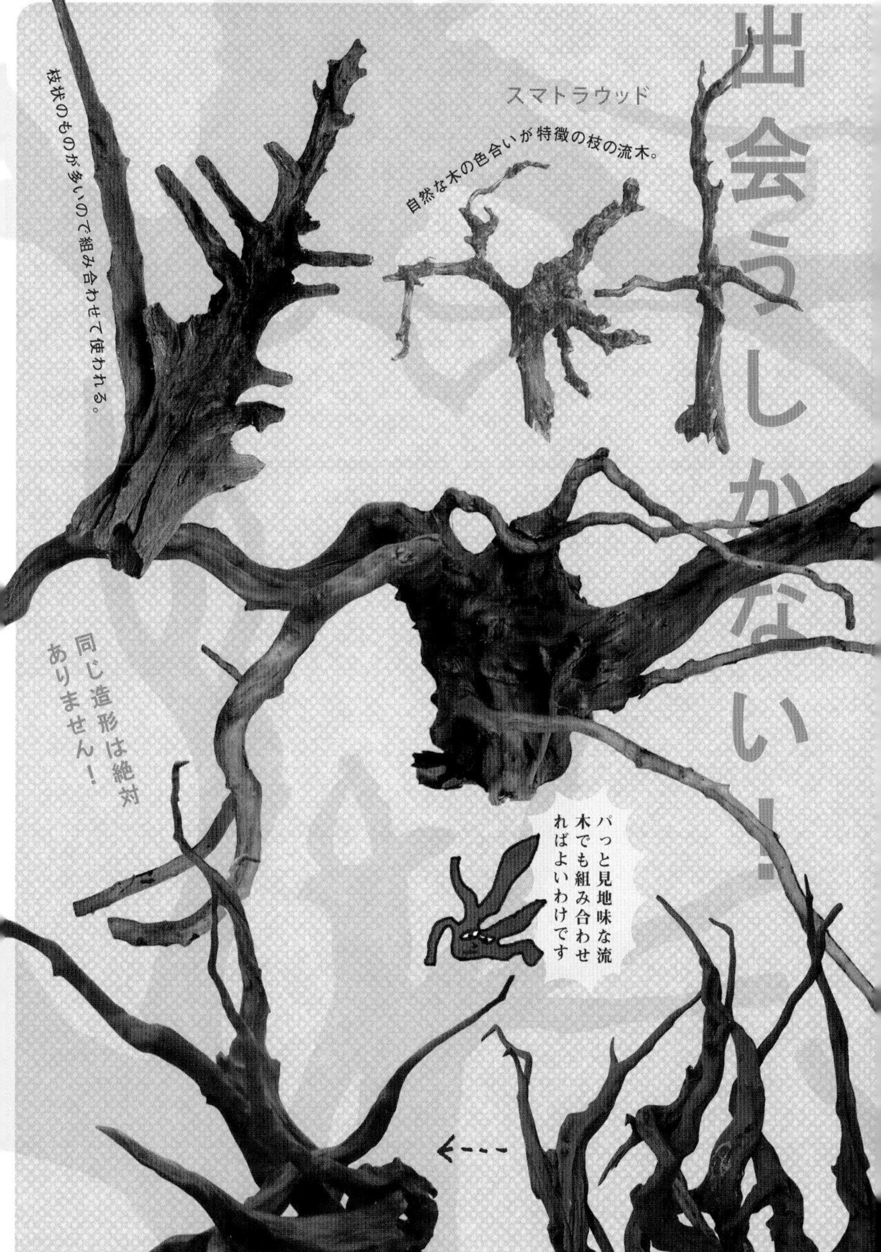

パっと見地味な流木でも組み合わせればよいわけです

変幻自在

流木は置き方次第で変幻自在！
いくつかの木を組み合わせれば無限のバリエーションが楽しめます。

真ん中に空間を空けるようにブランチウッドが組まれています。

制作：H2 馬場美香

例えばこちら

形の違う流木を
3本使って。

45センチ水槽に
ソイルを盛ってやってみるよ！

流木マスターのシノピさんに
実演していただきましたっ！

中央に空間をつくる

覆いかぶせるように凸型構図

必要なら、折ったり、切ったり、ド自由に活けよ！

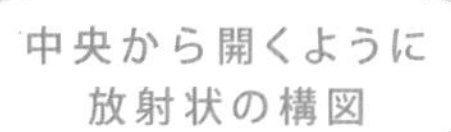
中央から開くように
放射状の構図

重心を左に傾けた三角構図

大胆にキャンバスから
はみ出して

あーでもない、こーでもない、流木を組み合わせている時間は最高に贅沢な時間。

無心!!

ふざけ出したー！
コラー！

美しい構図は余白にあり！

絵画や写真と同じように気持ちのよさを意識して、抜けのいい景色をつくりましょう。ポイントは〝三角〟です。

水草がイキイキと育ってます！

でもビッシリすぎて息がつまりそう

お教えしましょう！三角の余白をつくってください

三角の美！

黄金比とは？

無限小数を用いた1:1.618……は、最も美しい比率「黄金比」と呼ばれ、古代ギリシャでの発見以来、人間にとって最も安定し、美しい比率と言われたりします。

黄金比を活用したりなんかして

どちらかに重心を置くと落ち着いた見やすい構図になります。

ほんまや！三角でカッコよくなった――！

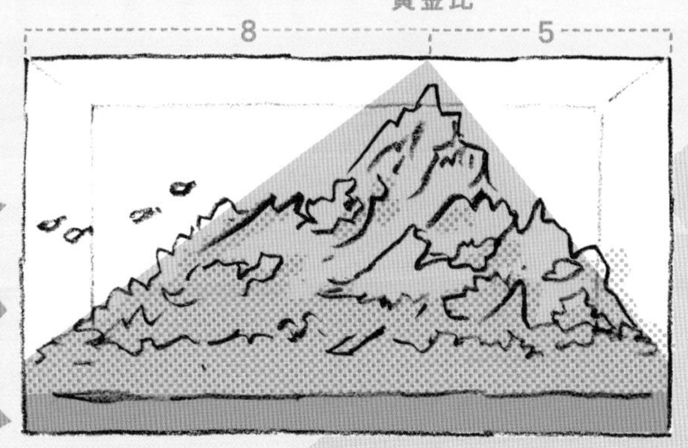
黄金比
8
5

三角は美しいんだなぁ

ストック水槽の登場

水草や生き物は放っておいたら増え続ける！
トリミングした水草はどうしたらいいのでしょうか？

ええ感じの水景ができましたー！
そのままほったらかしてると草ボーボーそろそろトリミングせねば
捨てるのはもったいない
トリミングした水草はどうする？増える絵の具
トリミング
チョキチョキ
もらってくれる人がいるといいんだけど
欲しい人もいそうだし、それまでストックしておきたい
自分でもまた使うかもしれないし

これが理想の環境

いつでも必要な時に、必要なだけ水草を取り出せるストック水槽があれば便利！

メイン水槽
ストック水槽
こっちがパレット
こっちがキャンバス

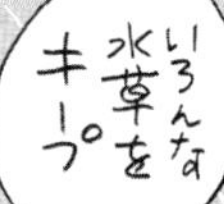
いろんな水草をキープ

こうして水槽は増えていく！要注意♥

水槽、増えちゃった…
ガーん

小型に挑戦！

ボトルアクアリウムやってみるで

簡単そうに見えて、水量も少ない、ろ過器もない小さな水槽は、実は難易度が高いのだ！しかし！　コツをつかめば誰だってできるお手軽な水景画でもあります。

1 ガラス容器を用意

ペットボトルでもいいよ

2 川砂を用意

よく洗ってね

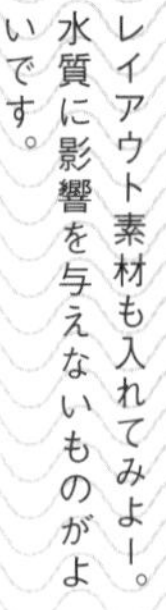

レイアウト素材も入れてみよー。水質に影響を与えないものがよいです。

3 水と肥料を入れる

肥料は多すぎるとかえってよくないので、規定よりも少ない量から試してみて。

イニシャルスティック

4 水槽を設置

置く場所は部屋の明るい場所。直射日光はよくないよ。夏は涼しく、冬はあたたかいところでね。

5 水草を選ぶ

育生しやすい丈夫な水草をチョイス。

6 いざ、植栽

ピンセットで植栽して整える。

水を入れてできあがりー

エビはコケを食べてくれるので、何匹か入れておくといいです。

コケが出たら、スポンジなどで拭いて、換水。

小型水槽は換水が命！定期的に行うことが小さな生態系のリズムとなり、命となります。週2回のペースでやるのが、素人が失敗しない方法です。

ボトルアクアリウムのいいところはとにかく、すぐにできて、いくつもできること！試してみてー！

生体は入れすぎないようにね。

ボトル園芸！

水草のほとんどは水上まで伸びても生長を続けます。その性質を利用したボトル園芸です。

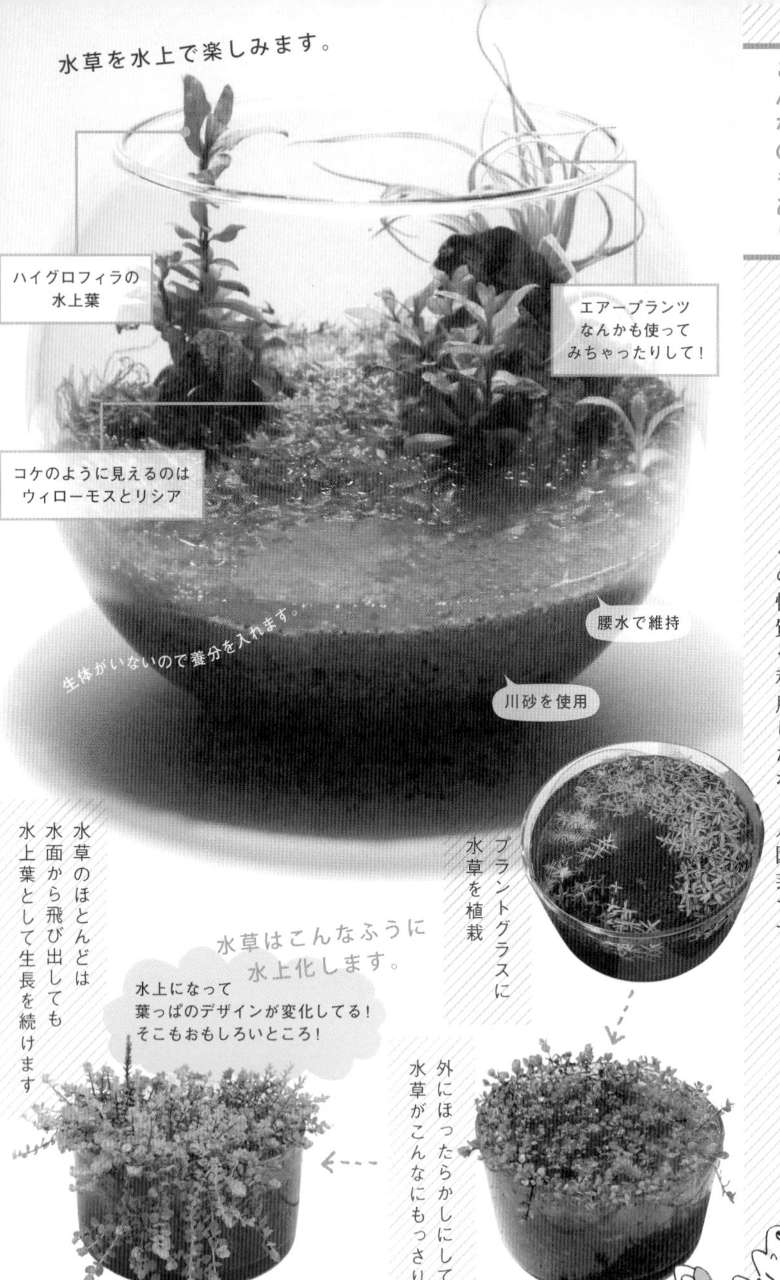
水草を水上で楽しみます。
ハイグロフィラの水上葉
エアープランツなんかも使ってみちゃったりして！
コケのように見えるのはウィローモスとリシア
腰水で維持
生体がいないので養分を入れます。
川砂を使用
水草のほとんどは水面から飛び出しても水上葉として生長を続けます
水草はこんなふうに水上化します。
プラントグラスに水草を植栽
水上になって葉っぱのデザインが変化してる！そこもおもしろいところ！
外にほったらかしにしてた水草がこんなにもっさり…

そんな水上葉を素材に
ガラスのボトルにカンタンレイアウト

川砂にオブジェを配置して、
水上葉を植栽してゆきます

ついでに
石のようなレイアウトオブジェを
つくってみたよ

オーブンでつくる陶芸粘土
肥料なども規定量を。
スティック肥料
水換えがいらないので、
ボトルアクアリウム
よりも簡単！

できあがり〜

ガラスボトルの中の小さな庭園

水に浸して、お部屋の明るいところに設置

冬場はキリフキもしくはフタで湿度を保つ工夫をすると、通年楽しめます。多くの水草は水陸両用の特殊な植物なのです。

お水を枯らさないようにね。

水質を調べよう

水草水槽の透明な水の中では何が起こっているのか、水槽の中が水草や生体にとって住みよい環境なのか調べてみよう。

多くの水草は弱酸性、低硬度を好みます。

●pHを調べてみる

pH7.0を中性とし、それより高いとアルカリ性、低いと酸性。日本の水道水は中性。水槽に適したpHは6.0〜6.8。弱酸性がいい。

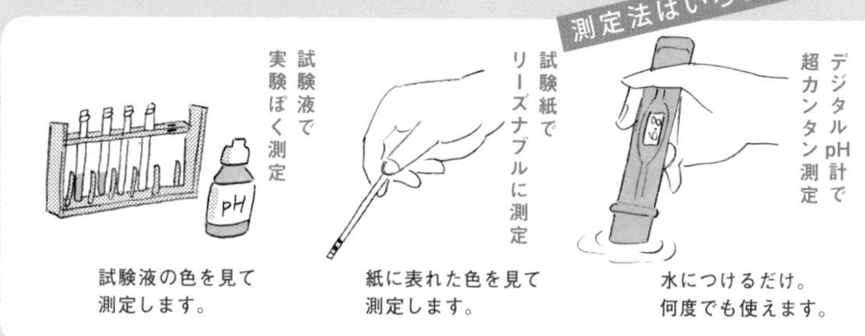
測定法はいろいろ
デジタルpH計で超カンタン測定
試験紙でリーズナブルに測定
試験液で実験ぽく測定
pH
6.8

試験液の色を見て測定します。

紙に表れた色を見て測定します。

水につけるだけ。何度でも使えます。

●硬度も水草に影響を与えます

pHや硬度が極端に高かったり低かったりすれば、水草はうまく育ちません。

CO_2を添加すればpHは若干下がります

石を多く入れると硬度が高くなる傾向があります。

ソイルや流木を使うと比較的弱酸性を維持することができます。

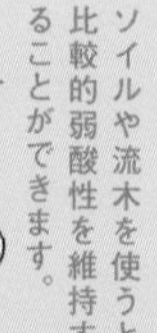

なんだか難しそうだけど、慣れればそうでもない

第四章 やってみたら分かった

水草水槽という新しい世界と出会い、実際に体験してみて、初めて分かったことはたくさんあります。いつの間にか、なんとなく見ていた山や川や、自然の風景も、今まで以上に美しいものに変わっていたり…。第四章では、そんな"いろんな発見"を紹介します。

TARO.Okam.

岡本太郎の作品がもはや流木レイアウト水槽にしか、見えなくなっちゃったな

やってはいけないこと

試行錯誤は必要だけれど、最低限やってはいけないことがあります。水草水槽のタブー、覚えておきましょう。

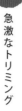

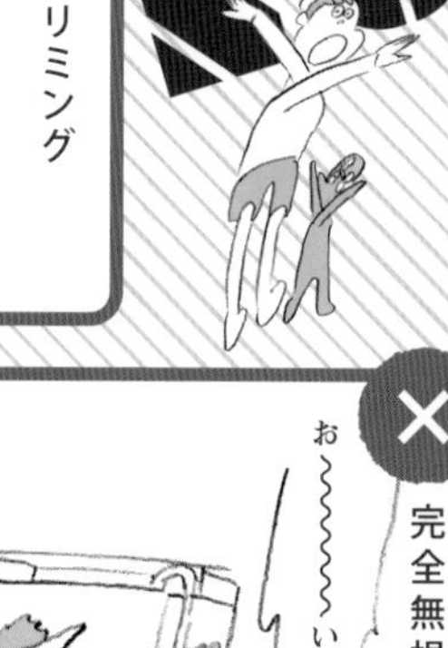

✕ 急激なトリミング

もちろん、多少は問題なし。ただし、トリミング後は換水するのが鉄則です。

✕ 完全無視！

お〜〜〜い！
水槽内のバランスよ！勝手にうまくいい感じでよろしく！

換水などで、基本的な手間をかけてやってください。水草は新しい水が大好き！換水は水草を元気にしてくれます。

✕ 氷を入れる

夏場は水槽を冷やしたい、氷を入れるのはナイスアイデア！ではない！水温が激しく変化して、水槽内のバランスが整わないよ。

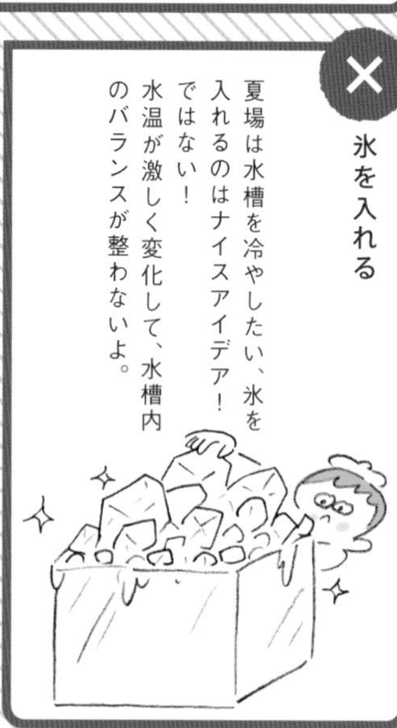

✕ ドライアイスを入れる

「どう？ だめ？」夏場は水槽を冷やしたいし、ドライアイスはCO_2だよね。だめー！酸欠になって生体が危険！

× いじりすぎ

「毎日レイアウト変えたい」
ダメダメ、環境が整わないと、
水質も安定しない。

× 殺虫剤シュ―――!

水槽の近くで
スプレーしないこと!
水面から毒が溶け込んじゃうよー!

× 水道水でのろ過器の丸洗い

バクテリア死

バクテリアが
死んじゃうーー!
これ基本!

× 無知で挑む!

「こんなにでっかくなっちゃった…」
生体や水草は事前に調べたり、お店の人に
聞いてから水槽に入れましょうねー。

× 放流!!

魚や水草を川に
捨てたりしては
だめですよーー!
地球の生態系に
かかわることです。
ご用心!

ダメー

その他、長時間の照明、
肥料の入れすぎ、
ヒーターのスイッチ入れたまま
で水を抜く、などなど。

やってもいいこと

やってはいけないこともあるけれど、逆に、意外と知らなかったけどやっていいことというのもあるんですね。

OK!

水槽内にフィギアやおもちゃを入れる

水質に影響がないかを確かめてから行ってください。

山で石や流木を借りる

お借りするという気持ちで使い終わったらできるだけ、元あった場所に戻しましょう。

水槽の水を飲む！

水草の繁茂する透明で美しい水は多少飲んだってヘイキでしょう。

それ、水槽の水！
オススメはしませんよ

水槽をほったらかして旅行に出かける

あらかた、タイマーで制御できます。

水草伸びほうだい

水草の多くは水上葉を展開します。光の届かなくなる下草など注意が必要ですが、水草の生い茂った水槽は水の状態もよくすることでしょう。

水槽に魚を入れないで水草だけの水槽にする

これも、大丈夫です。ただ、エサや糞がない水槽内は肥料濃度が低くなるので追肥する必要があります。

友人に勧める

楽しいことは勧めてください。仲間が増えたら水草の交換なんてのもできますよ。

一生やる

ぜひ、一生続けてください。水草水槽は一生できる趣味です。

水景画ミュージアムをつくるのもいいね！

水草水槽って簡単？ 簡単じゃない？

水草水槽って簡単にできるものなのでしょうか？
それとも、簡単じゃない？ 素人には難しいものなのでしょうか…。

ひと昔前、育生機器や情報の少なかった頃は、一部のマニアな愛好家、専門家しか手を出せなかったほど水草の育生は難しかったと聞きます。

今は、水槽の立ち上げ方も動画で配信されるほどで、あらゆる情報が手に入り、機器も充実しています。

水草だって水草ショップや通販で簡単に手に入ります。

僕は10年前にこの世界を知って、熱帯魚も飼ったことがない、園芸の知識もさほどない完全に素人、おまけに面倒くさがり屋でしたが、今日も透明な水にゆれるイキイキとした水草を水槽越しに眺めています。

僕にとって水草水槽は、ガーデニングや観葉植物よりも難しくなかったのです。

それはなぜかと考えてみると、水草水槽があまりに美しく、楽しすぎたからだと思います。

光合成を目で見る喜び、どんどん水が透明になってゆく生態系の手応え、芽吹く命、造形する喜び。

楽しすぎて、いろいろ自分でも本を買ったり、ネットで調べたりと、自然に必要な知識が身についてゆきました。

そしていつのまにか、こんな本を書くまでに…。

著者アトリエにある水草水槽

やってみて分かったのは水草水槽は、ある程度の情報や十分な育生機器がないと失敗するということです。

失敗というのは、水草が育たなかったり、水槽内にコケが大発生、見苦しくなってしまったり、ということ。

養分、光、温度、CO^2、水質などの環境が整わなければ、簡単とは言えません。

水草水槽を始められる方には、まずは小さい水槽から手軽にやろうとされる方も多いと思いますが、水草水槽は水量が少ないと難易度が上がります。
さらに、弱々しいライトで、温度調整もしないで、水草が育つ条件を知らないまま、水槽を立ち上げると、水草にとって過酷な環境からスタートすることになってしまい、それが失敗につながります。

十分な知識と育生環境がそろっていないと、水草水槽はとんでもなく手間がかかり難しいのです。

じゃあ、自分には無理かも……と思わないでください。基本的な知識や十分な育生機器さえそろえれば、誰だって簡単にできる、と、強く言い切れます。

冒頭でも言いましたが、必要な情報はすぐに手に入るし、ショップ、通販、オークションでも、道具はそろいます。

そして、あなたはすでにこの本を読んでいる。水草水槽を始めるためのインフラは整っています。

難しすぎても手を出せない、簡単でうまくいきすぎてもつまらない。それは恋愛、スポーツ、ゲームに似ています。水草水槽は、簡単と簡単じゃないを絶妙なバランスで行き来してくれます。

骨折りを厭わず、うまく水草が育つ環境をつくり上げた時には喜びがあり、メンテナンスの手間も減ります。

自分でつくり上げた、このガラスの中の生態系を大事にしようという気持ちになります。

水草を通して得た知識や体験、想いはそのまま地球環境への眼差しに応用できます。

植物とうまく生活を共にできた時の充実感は格別！なのです。

水草水槽って高い？ 高くない？

これは間違いなく、「お高くつきますよ！」と、言っておいた方がいいと思います。

この世界にどっぷり浸かってらっしゃる方には「対価以上のものがある！　むしろ安い趣味だ！」と言う方も多いのですが、なんだかんだでお金のかかる世界だと思います。

「お金がかかるのは、水槽を買ったり、ライトを買ったり、初期投資の時期だけで、必要なものがそろったらそれから買うものはない、むしろ水草は増えるし、増えた水草はオークションなどで売れば高く買ってくれる。むしろ儲かる！」

だまされてはいけません。

新商品が出たらついつい買いたくなります。

アクア製品は年々洗練され、使ってみたくなるようなものばかりです。

専門のハサミが何千円もします！　ちなみに、ほとんどの水草は300～800円ほどですが、なかには5千円を超えるめずらしい種も目にします。CO_2添加機器は一式1万円以上はするでしょう。

僕が水草を始めた頃、100円ショップで買った短いピンセットとハサミでやっていました。

それで十分間に合いました。水草を切ったり摘んだりできればいいわけですから、なんなら、素手でもできます。

やり始めてしばらくして、部屋に自然を持つ喜び、レイアウトする楽しみ、生態系の理解と実感、広がってゆく仲間との交流、水槽が日常になくてはならないようなものに思えた時、ショップで高価なハサミを購入していました。

美しくデザインされたフォルム、職人が端正込めて磨き上げた使い易く、納得のいく切れ味。贅沢品だなあとは思いつつも、今の自分の生活には絶対必要不可欠なものなんじゃないかと思えました。道具は使いこなせば便利なだけでなく、使う時、気持ちの充足感をもたらしてくれ、時にはしなくていい怪我から自分を守ったりもする。こちらの意欲、寄り添い方ひとつで、その価値は生まれます。

僕は、見事にこの世界に取り込まれ、ハサミに何千円も支払ってしまったのです！

ハサミだけじゃ、ありません。

レイアウトで使う石や流木。
まさか、石を5千円で買うとは想像もしていませんでした。
石なんて普通タダでしょう！　拾って来ればいいのだから！

川原に石を拾いに出かけました。でも、なんだか丸っこくてやぼったい感じ。
川原の石はダメ、もっと山奥に採りに行かないと。
友人と車を借りて山へ出かけました。いくつか形のいい石を見つけたので持って帰りました。
帰りに、ショップに立ち寄って、売ってる石と比べたら、やっぱ売ってる石はカッチョいい！　歴然の差。
こんなのどこで見つけるのー？
車で山へ採りに行くだけでも、ガソリン代、食事代、駐車場代、タダではありません。
買った方がむしろ安くて、いい形のものが選び放題。石は減ることも腐ることもないので一生モン！　心がゆれてショップで散財。
釣りに出かけて魚屋で買って帰るかのごとしです。

もう一度強く言います。この世界、足を踏み入れると、何かとお高くつきます！
ムダな散財はしないようクールに対応してください。

ただひとつ言えるのは、価値あるものを無料で楽しんで、くだらないものにお金を払わされてることが多い世の中です。
水草水槽という美しいものにお金を使っている。生活の中のあらゆる場面でその見返りを感じることがあります。
僕自身は文句を垂れながらもその価値に対してはものすごく納得しているのです。

石をプレゼントされて
うれしい！
そんな経験初めて！

変わってゆくわたし

水草水槽をやり始めると、不思議な体験をします。いつも見慣れた風景が変わって見えてきたりするんです。

風景が！

水槽の中に見えるー！

フィールドワークが増えて、観察の目が養われます

石のまわりに草がはえてる！

石のまわりは、昼は影になり直射日光を遮り、夜はあたたかく植物を守る。

思ってもみなかった自然体験

あ！ この森、水草水槽の香りがする！

古人への共感

センスのいい配石、いい庭だなぁ〜

水草水槽の経験が あなたを少し変えたのです。

目利きに

この石の質感いい！
流木のうねり具合いい！

生け花、造園への興味

自然をよきにしつらえるとは…

環境への意識

街にもっと緑が増えるといいのになぁ

新しい仲間が増える

美は国境を超える

水を緑を地球を大切にしたい美しいものが見たいから！

オレ、変わっちゃったなぁ〜！

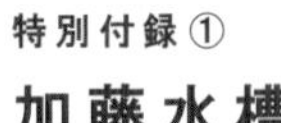

特別付録①

加藤水槽

水槽に必要な器具をカッコよく隠した、見た目にも美しいデザインの水槽。その名も「加藤水槽」の作者、加藤周裕さんのお宅を訪ねました。

オリジナルで水槽ごと制作している作家がいるのか――!!
一軒家まるごと水槽ギャラリー兼ラボ!

中学生の頃から水槽の世界に興味があったという、水槽クリエイターの加藤周裕さん。インテリアに馴染む水槽を突き詰め、ゴチャゴチャしたコードや器具を徹底的に隠した小型の水槽を自作しています。「加藤水槽」と名づけられたこれらの水槽は、デザイン的に美しいだけでなく、水が循環する仕組みや、冷却、加温の機能も備えています。現在、作品は7種類（2013年取材時）。なかには家具と一体化してしまっているものもあったりして。未来の水槽との暮らしは、こんなふうになるんじゃないかなぁ。

見苦しいコードや配管が見えないようにデザインされています。

日本の居間空間に
洗練されたデザインが
マッチしてますなぁ～

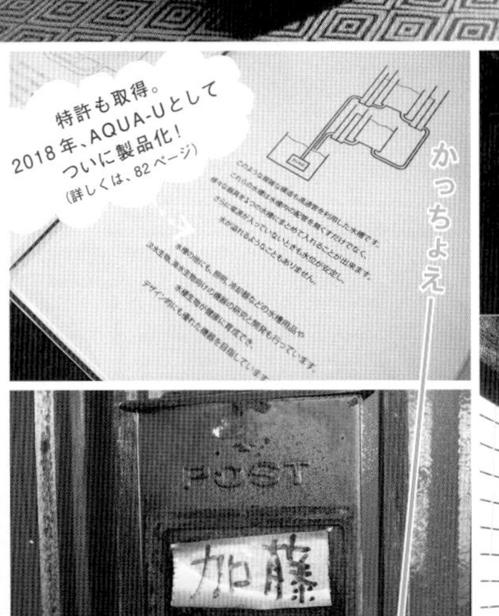
特許も取得。
2018年、AQUA-Uとして
ついに製品化!
(詳しくは、82ページ)
かっちょえ～
POST
加藤

水景画で言うと、
額縁からつくってるよ
うなもんですかねぇ～

加藤水槽

自作の水槽を紹介する「加藤水槽」のホームページ。水槽の仕組みが詳しく分かります。

http://katosuiso.com

連絡先　katosuiso@gmail.com

美術の先生だったのが、
アクアリウムメーカーに転職 --->>

特別付録②

流木レイアウト術 虎の穴

とある休日の午後。水草水槽のレイアウト講座なるものが開催されると聞き訪れたのは、コンテストの上位入賞者を数多く輩出している『An aquarium.』。

この店を拠点とする最強レイアウター集団「TAU（東京アクアスケイプユニオン）」の小野昌志さんが、その技術を伝授してくれるらしい！と、軽〜い気持ちで紙とペンを持って行ったところ、いきなりスパルタな実技特訓がスタート!!

まずはふたり同時にそれぞれの水槽を使ってたった5分の制限時間で素材を選び、流木組みを完成させる（オマケとして〝泣きの30秒〟が与えられる）。次に、お互い表現したかった意図を説明した後、入れ替わって30秒相手の水槽に手を加える。それが終わったら今度は、使える流木に制限を加えてやってみる……などなど、焦りと緊張で変な汗をかきながら、大人たちが3時間ひたすら流木と格闘し続けたのでした——。

講師 小野昌志　場所 An aquarium.

〝美しい水景〟にはっきりとした答えはないのかもしれません。でも、それを目指す人たちは、日々、確かな方程式を導き出そうとしているのです。ディープなレクチャーで何が行われ、何を学んだか。水草水槽の世界ってホントーに奥深〜いんだって！

その特訓の内容
まず初めにすることは
どんな素材があるか見極めるべし！
使用する流木の形、大きさ太さ、色や、質感を把握します
1本目、投入！
大きいものから順に置いていくべし！
迷わず、大きい流木を入れてみる手早く、スピードが大事
その後、全体がどんなふうになるかイメージしてみる
1本置いたら全体をイメージするべし！
2本目！
2本目で左への曲線の流れがよりハッキリと現われた

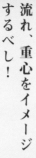

3本目、4本目と投入！

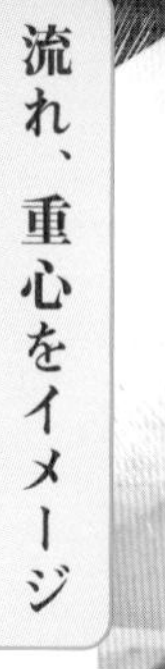
流れ、重心をイメージするべし！

この場合、右下から左上にかけて流れるような造形イメージ

空間を全部使うべし！
空間からはみ出すくらいに

よりダイナミックに！

奥にも

手前にも

ドラマティックに！

石が置かれ、重心が右下方向に強調された
イメージをさらに強調すべし！
左下空間にも流木が追加され伸びやかに曲線が流れ出す！
幅のある流木が追加され重心がさらに強調される
左の空間に小さめの流木が追加され間の抜けた空間が広がりのある活きた空間に
何を表現するのか？一番見せたい箇所はどこか？
強調すべきところは？
邪魔なところは？

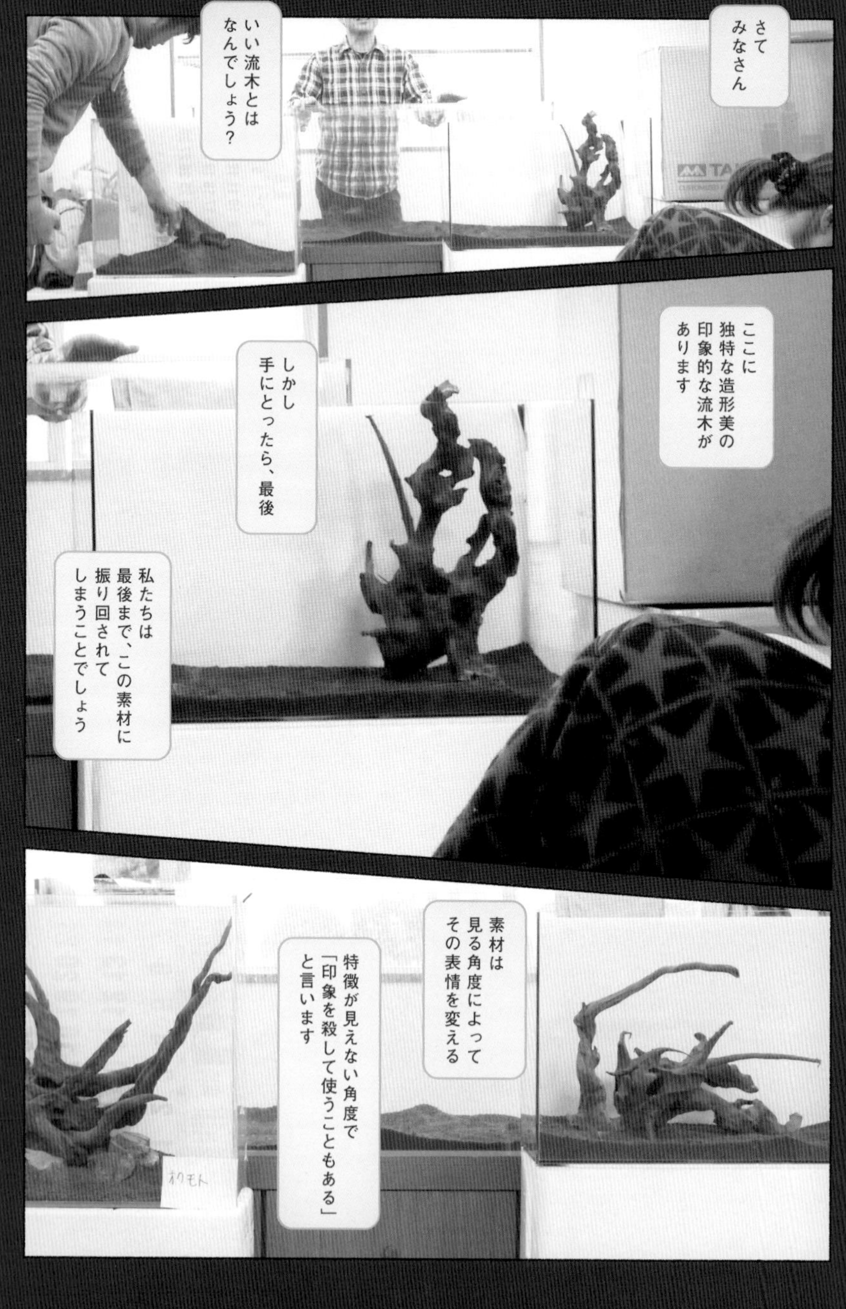
さて
みなさん
いい流木とは
なんでしょう？
ここに
独特な造形美の
印象的な流木が
あります
しかし
手にとったら、最後
私たちは
最後まで、この素材に
振り回されて
しまうことでしょう
素材は
見る角度によって
その表情を変える
特徴が見えない角度で
「印象を殺して使うこともある」
と言います
オクモト

ひとつでは
心もとない造形素材も
合わさって
そのイメージは
無限に変化し
広がる
「ある時は
自分も想像していなかった
造形美が立ち現れる
ことすらある」と
小野さんは付け加えた
今回は水草を使わず
流木と石だけで、魅せる空間を
どうつくり出すのかを教わった
これを何度も繰り返すことで
その術を習得してゆくことが
できるだろう
年に何度か開かれる
このセミナーは、今もなお
数多くの世界のトップ
レイアウターを輩出する
枯れた木をどう置くかなんて
特訓！ 裏社会にもほどが
ある〜〜〜！
おちまーい！

あとがき

10年以上前になる。今まで苦手で拷問としか思えなかったサウナが、驚くほど脳から気持ちのよい物質を出すものなのだと気付いた。本場フィンランドでは、日本とサウナの捉え方も違って「教会に行くような気持ちでサウナに入りなさい」と言われるそうだ。サウナは水風呂後の休憩が本番で、植物と人間が関係する体験でもある。そんなことを『サ道』(パルコ出版、2011)では書かせていただいた。本の準備も整い、ひと段落したかと思ったら、次はADAを中心とする水草水槽の存在に気付き、部屋で生き物を飼うだけでなく、小さな生態系をつくり、自然素材で生きた絵を描く、こんな魅力的な世界があったのかと夢中になった。そのことは『部屋へ!』(これもパルコ出版です。2012)で、マンガという形で描き下ろした。じゃあ、実際、水草水槽ってどうやってつくるの? 何が必要? という実践の体験記編を、カラー図版もたくさん使って実現したのが本書です。サウナも水草水槽も、水分たっぷりめの四角いフレームの中の植物とすれば共通した流れがあるように思えるが、こじつけかもしれない。

水草水槽を知って、CD&DVD棚、本棚、テレビ、中身がなんだか分からないダンボールをどかし、部屋に水槽を置いた。今では専用の部屋に9つの水景画があり、毎日、私を愉しませてくれる。

みなさんご存知の映画『ブレードランナー』、あれが今から40年前。そこに描かれた未来都市の姿は、アジアの文化と最新の機械文明が混ざり合う環境汚染の進んだダークな未来像だった。デザインを担当したのは工業デザイナーのシド・ミード。そんな未来を予見した巨匠が、今から20年後の未来を予想して描いた絵がある。2042年の未来都市の姿。そこには、スタイリッシュな高層建築が背景にそびえるものの、人々は部屋の中だか外だか分からない場所で、緑の植物に囲まれながらおしゃべりに興じている、明るい未来の絵だった。図らずも、私がマンガ『部屋へ!』で描いた植物と人類の未来のライフスタイルに近いものがあって、私は大いに気をよくしたのだけど、まあ、そんなイメージは誰だって持っているかもしれない。

庭園、生け花、ベランダ園芸、植物とともに暮らしたい。だれもが持っている素朴な感情。しかしながら、部屋に植物を持ち込んでも私たちはすぐに枯らしてしまう。観葉植物といっても「観葉」だけしていればいい植物なんてなくて、各植物の特性を知って世話をしてやらねばならない。これが忙しい現代人にはなかなかできない。部屋に植物を持ち込むのがトラウマになってる方も多い。でも、私は水草水槽にかかわることで、多少なりとも園芸の知識が身について、水草以外でも部屋でいくつかの植物を維持することができるようになってきた。これは大きな変化で、いつか緑豊かな室内を実現できるかもしれないと、そんな夢まで持てるようになった。今後、育生ライトなどの機器の進化、植物の品種改良も進むかもしれない、今は乖離しているアクア業界と園芸業界の合体もあれば、いよいよ、緑化生活、巨匠シド・ミードが描いた未来は現実のものになるのではないかと期待している。

時間は年々短くなる。一年のなんと短いことか。その分、相対的に自分はゆっくりになってきているんじゃないかと思うことがある。気が付けば、さっきからその場でじっとしていたり、何もしないでいることがある。子供の頃は、オトナの動きがとても気になっていた。オトナは海に行っても、すぐに水着に着替えて泳いだりしない。パラソルの下でじっと周りの景色を楽しんでいる。多動ぎみであった私は、それが不思議でしょうがなかった。なんでオトナは遊ばないんだろう…？ 海に来て、じっとしてるなんてどんな感覚なのか？ アホじゃないか？ オトナになってこの世界のことすべてに、すっかり慣れてしまったんだろうか、感動する気持ちが薄れてしまったのか…。

年齢を重ねたことによる人生体験の慣れ、無感動、それもあると思うけど、何より、その時限りの刺激にまどわされなくなってくる。少し俯瞰した気持ちで、今の平凡をありがたく思い、子どもたちの笑い声の美しさ、風や森林の香りにうっとりしたり、いろいろやることがあったりして、結果、その場でじっとしている。気付けば自分はさっきから何もしていないということが日常で頻繁に起こる。パラソルの下のオトナに私もなった。今までとは違う時間感覚の世界が始まっている。そうなれば、これまでじれったくて見えなかったものが見えてくる。植物の動き、自然界のスピードに近づいたとも言える。サウナに気付いたのも、水草水槽に気付いたのも、その時間感覚が関係しているように思う。

最後に、私が体験した水草水槽を本にしましょうと言ってくれた、ライターであり編集者の大池明日香さん、最初から最後まで真心込めて意欲的に取り組んでくださいました。ありがとうございます。『新・水草水槽のせかい』として増補改訂しようと提案してくれたリトルモア編集部の加藤基さんに心より感謝いたします。本書のもともとのデザインは四つ葉加工のよつばさん、改訂版は広岡ジョーキさん、ステキなデザインをありがとうございました。本書の監修を快くお引き受けくださった「An aquarium.」の志藤範行さん、志藤さん率いるTAU（東京アクアスケイプユニオン）のメンバーの小野昌志さんにはレイアウト虎の穴まで開催していただき、感謝の気持ちでいっぱいです。「水景工房」の明賀正治さんにも本書に目を通して頂き、いくつかの重要なご指摘をいただきましたことに感謝いたします。ショップ「H2」、篠崎賢人さんにもご協力いただき、ありがとうございました。そして、ネイチャーアクアリウムの生みの親、ADA（株式会社アクアデザインアマノ）さまには貴重な画像を提供いただき、心から感謝と敬意を捧げます。その他、多くの画像を提供いただいた水景画家の皆様、香港のレイアウト集団CAU（クリエイティブアクアスケイプユニオン）メンバーの皆様にも多謝（ドーチェー）。初めての水景画創作に、歩みを共にしてくれたCAJ（クリエイティブアクアスケイプジャパン）のメンバーにもありがとう。本書に書き切れなかった、いたるところでお世話になった方々にも心から御礼申し上げます。

タナカカツキ　2013年　4月　／　2020年　9月改

タナカカツキ／マンガ家

1966年大阪生まれ。1985年にマンガ家デビュー。著書に『オッス！トン子ちゃん』、天久聖一との共著『バカドリル』、水草水槽を題材にしたマンガ『部屋へ！』など。
2010年春に水草水槽を知り、その年の夏、初めての水槽を立ち上げる。
水草レイアウター集団「CAJ（Creative Aquascape Japan）」所属。
2011年より毎年「世界水草レイアウトコンテスト」に参加。
最高順位は2016年の世界ランキング4位！
人が入る水槽（水風呂）も大好きすぎて、サウナを題材にした『マンガ サ道』鋭意執筆中！
水槽に振り回される日々。
http://www.caj.design/　http://www.kaerucafe.com/

すばらしきインドア大自然
新・水草水槽のせかい

発行日　2020年10月19日初版第1刷

著者：タナカカツキ

デザイン：四つ葉加工、広岡ジョーキ

写真（カバー、P47）：池田晶紀（ゆかい）

編集：大池明日香（LABLINE.TV）　加藤基（リトルモア）
総合監修：志藤範行（An aquarium.）
監修協力：明賀正治（水景工房）　篠崎賢人
協力：株式会社アクアデザインアマノ　H2

発行者：孫家邦
発行所：株式会社リトルモア
〒151-0051 渋谷区千駄ヶ谷3-56-6
Tel 03-3401-1042　Fax 03-3401-1052

印刷・製本所：株式会社シナノパブリッシングプレス

本書は2013年発行の『すばらしきインドア大自然 水草水槽のせかい』の増補改訂版です。
乱丁・落丁本は送料小社負担にてお取り換えいたします。

ISBN978-4-89815-530-1 C0040

http://www.littlemore.co.jp